Lorbeer
Literaturverlag

Die Außenlager des KZ Flossenbürg
Eine Buchreihe des Lorbeer Verlags

© Lorbeer Verlag 2008 - 2021

ISBN 9783938969656

KZ Oederan

Verlorene Jugend

Pascal Cziborra

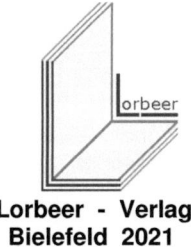

Lorbeer - Verlag
Bielefeld 2021

Inhaltsverzeichnis

Einleitung

Teil 1 - Das Lager Oederan
Von der Entstehung bis zur Auflösung

Teil 2 – Personen im Lagerumfeld
Wachpersonal, Belegschaft und Bevölkerung

Teil 3: Stationen der Deportation
Häftlingsüberstellungen und Transporte

Teil 4: Statistik, Daten, Diagramme
Forschungsstand und Datenbasis

Geleitwort

Vor Ihnen liegt der überarbeitete und erweiterte fünfte Band der Aufarbeitungsreihe *Die Außenlager des KZ Flossenbürg*, in dem für den Standort Oederan die bisherigen Forschungsergebnisse dargelegt werden. Das Buch ist Ergebnis umfangreicher Recherchen, deren Hauptziele die Klärung der einzelnen Häftlingsschicksale, die zukünftige Unterstützung der Erinnerungsarbeit und Bildung vor Ort sowie die Anregung der weltweiten wissenschaftlichen Aufarbeitung des Holocaust sind. Hierfür wurden in intensiver Forschungsarbeit zahlreiche Dokumente zur Auswertung zusammengetragen, die diverse Facetten des Oederaner Lagergeschehens von verschiedenen Perspektiven her beleuchten sollen. Anhand zahlreicher Aussagen ehemaliger Häftlinge, dem überlieferten Schriftverkehr des Lagers sowie Firmenakten der Deutschen Kühl- und Kraftmaschinen GmbH, lässt sich ein relativ schlüssiges Gesamtbild der Lagerereignisse zeichnen.

Im Gegensatz zur Erstauflage konnten nun auch Erkenntnisse aus dem Abgleich mit den Dokumenten des Internationalen suchdienstes (ITS) in Bad Arolsen einfließen und alle bis auf vier Häftlingsschicksale geklärt werden. Zudem wurde Eva Libitzkys Autobiografie „Out on a Ledge" von 2010 berücksichtigt.

Die für die vorliegende Publikation verwendeten Aussagen der Opferseite speisen sich im Wesentlichen aus den Archivbeständen der Zentralen Stelle der Landesjustizverwaltungen in Ludwigsburg zur Aufklärung nationalsozialistischer Verbrechen, wo zwischen 1964 und 1970 Vorermittlungen bezüglich möglicher Tötungsverbrechen im Lager Oederan mit dem Ergebnis einer Verfahrenseinstellung betrieben wurden. Dabei wurden mindestens 15 ehemalige Oederaner Häftlinge vernommen[1], die größtenteils dem 2. Häftlingstransport und nur in einem Fall dem Gründungstransport angehörten. Aus dem dritten Arbeitstransport wurden keine ehemaligen Häftlinge befragt. Diese Informationslücke konnte durch die detailreiche

---

[1] Etliche Vernehmungsprotokolle liegen aber nur in polnischer Sprache vor.

6

Autobiografie der tschechischen Jüdin Grete Salus mit dem Titel *Niemand, nichts – ein Jude* geschlossen werden. Außerdem wurde auf die Zeitzeugenberichte aus Michael Düsings Publikation *Wir waren zum Tode bestimmt* und Charlotte Bachners autobiografischen Bericht in *Jüdische Schicksale. Berichte von Verfolgten* zurückgegriffen. Die Protokolle und Berichte wurden in ihre Bestandteile zerlegt und zu verschiedenen Aspekten gesichtet, um das Oederaner Lagergeschehen möglichst chronologisch zu rekonstruieren und ein differenziertes Bild des tausendfach individuell erlittenen Leids zu zeichnen.

Zur Klärung der einzelnen Häftlingsschicksale fand in erster Linie ein Abgleich mit der Datenbank der Gedenkstätte Theresienstadt und den Theresienstädter Gedenkbüchern sowie der Ghetto Registratur Lodz[2] statt. Außerdem wurden 66[3] ehemalige Oederaner Häftlinge recherchiert, die für die *Shoah Visual History Foundation* seit 1994 Interviews gaben. Diese Interviews blieben bislang leider inhaltlich ungenutzt, aber könnten weitere Hinweise auf Überlebende und Todesopfer enthalten. Sie liegen seit 2007 auch in Berlin vor und bilden ein eigenes noch zu bewältigendes Forschungsfeld für die Auswertung von etwa 150 Stunden Videomaterial in 8 verschiedenen Sprachen[4]. Leider fehlten zu dieser Auswertung (auch in Relation zum erwarteten Erkenntnisgewinn) bislang die zeitlichen und finanziellen Ressourcen. Einige der interviewten Frauen kommen in diesem Band aber auf anderen Wegen zu Wort, da von ihnen teilweise auch anderweitige Aufzeichnungen vorliegen. Auch trugen die *Pages of Testimony - Yad Vashem*[5], DEGOB-Protokolle[6] von 1945, Informationen der niederländischen Kriegsgräberfürsorge *OGS*[7] und des *Roten Kreuzes* sowie das

---

[2] online eingesehen auf der Hompage Yad Vashems
[3] 1. Transport: 10, 2. Transport: 21, 3. Transport: 29, Hertine-Austausch: 6
[4] Englisch: 42, Hebräisch: 11, Tschechisch: 6, Deutsch: 2, Polnisch: 2
  Holländisch: 1, Spanisch: 1, Slowakisch: 1
[5] Gedenkblätter für einzelne Holocaustopfer. Gedenkstätte Yad Vashem.
[6] Deportáltakat Gondozó Országos Bizottság.
  Ungarisches Hilfskomitee für Deportierte.
[7] Oorlogsgravenstichting

wichtige Standardwerk, das *Kalendarium der Ereignisse im KZ Auschwitz-Birkenau 1939-1945* von Danuta Czech, dazu bei, dass die meisten Fragen zum KZ Oederan geklärt werden konnten.

Teil 1: Das Lager Oederan
Von der Entstehung bis zur Auflösung

a) Vorgeschichte und Anbahnung

Seit Herbst 1942 war die Deutsche Kühl- und Kraftmaschinen GmbH [DKK] mit Sitz in Scharfenstein, eine 1931 gegründete Tochterfirma der Auto Union AG Chemnitz, bereits beauftragt, Presslinge für Geschosshüllen von 2 cm Sprenggranaten herzustellen, für deren Produktion Durchgangsöfen mit Schutzgasanlage der Firma Brown, Boveri & Cie AG Mannheim [BBC] benötigt wurden. Da sich die Lieferung des Dortmunder Werkes wohl wegen Materalengpässen kriegsbedingt immer weiter verzögert hatte, wird der DKK nach intensiven Bemühungen erst im Juni 1944 die Lieferung eines solchen Ofens zugesagt. Da die DKK zu diesem Zeitpunkt nicht [mehr] über genügend Arbeitskräfte für die Aufnahme der in Oederan angestrebten Produktion verfügte, wurde aufgrund der verbindlichen Lieferzusage ein entsprechendes Kontingent an KZ-Häftlingen angefordert, da alle übrigen für die Produktion benötigten Maschinen bereits im März 1944 zur Verfügung standen und die Fertigung Anfang des Jahres aus Freiberg in die Räume der Oederaner Textilfabrik Erwin Kabis GmbH verlagert worden war.[8]
Um den steigenden Arbeitskräftemangel in der deutschen Rüstungsindustrie zu lindern, bestand seit 1942 die Möglichkeit unter vorgegebenen Bedingungen, neben ausländischen Fremd- und Zivilarbeitern, sowie militärischen Kriegsgefangenen, auch KZ Häftlinge in Unternehmen Zwangsarbeit verrichten zu las-

---

[8] Vgl. Schreiben vom 26.9.1944 & 01.11.1944 Direktor Werner Kratsch & Schreiben der Erwin Kabis GmbH vom 2.2.1946 – StadtA Oederan

sen. Der Arbeitslohn dieser durch die SS ‚verliehenen' Häftlinge wurde an die KZ-Verwaltungen entrichtet und diente somit in nicht unerheblichem Maße der Finanzierung des nationalsozialistischen Lagersystems.

Während anfangs meist nur in unmittelbarer Nähe der KZ-Stammlager Rüstungsbetriebe mit Facharbeitern oder billigeren Hilfskräften versorgt wurden, entstand nach und nach ein dichtes Netz an Außenlagern, in denen KZ-Häftlinge in der Rüstungsindustrie Zwangsarbeit leisteten. 1944 kommt es auch unter der Verwaltung des KZ Flossenbürg, das 1938 im Rahmen der Deutschen Erd- und Steinwerke [DESt] im bayrischen Oberpfälzer Wald nahe der tschechischen Grenze gegründet worden war, zu einer erheblichen Expansion. Vor allem im Süden Sachsens werden für die Kriegswirtschaft zahlreiche neue Außenlager, überwiegend für weibliche Häftlinge, errichtet. So ist die Gründung des Außenkommandos in Oederan kein Einzelfall, sondern gängige Praxis der deutschen Industriekonzerne zu diesem Zeitpunkt des Krieges. Der Häftlingseinsatz in der Rüstungswirtschaft wird aber nicht politisch befohlen, sondern auf Anfrage der Konzerne lediglich ermöglicht. Damit ist der Häftlingseinsatz und die Standortwahl allein Resultat ökonomischer Entscheidungsprozesse, während die KZ-Verwaltung für eine Häftlingszuweisung lediglich die Einhaltung einiger Rahmenbedingungen für Wachpersonal und Sicherung der Häftlingsunterkunft fordert.

Der Weg, den die DKK Scharfenstein beschritt, um die geplante Fertigung in Oederan aufzunehmen und ihre profitorientierten Interessen durchzusetzen, ist glücklicherweise mit Hilfe weniger sehr aussagekräftiger Dokumente gut nachzuvollziehen.

Nachdem also im Juni 1944 eine verbindliche Lieferzusage des benötigten Produktionsofens vorlag, leitete man unverzüglich die Beschaffung kurzfristig zur Verfügung stehender Arbeitskräfte in die Wege und wendete sich in einem Schreiben vom 24. Juni 1944 zunächst fälschlicherweise an das SS-Reichssicherheitshauptamt [RSHA] z. Hd. Herrn Standartenführer Maurer bzw. Hauptsturmführer Sommer (Oranienburg). Das Schreiben mit dem Betreff „KZ-Frauen" lautet:

„Durch unseren Herrn Illgner haben wir Ihnen bereits freundlich von Berlin aus mitteilen lassen, dass wir für unser Zweigwerk Oederan, das ausschließlich mit der Herstellung von 2 cm-L/Sprgr. beschäftigt ist, rd. 500 KZ-Frauen einsetzen können. Diese Anforderung bitten wir als ein Teilobjekt der Gesamtanforderung der Auto Union AG. Chemnitz zu betrachten, zu deren Konzern wir gehören.

Nach unserer Kenntnis ist die abgeschlossene Unterbringung innerhalb des Werkgeländes und auch der Abschluss innerhalb des Betriebes von den anderen ausländischen und deutschen Arbeitskräften ohne weiteres durchzuführen. Für eine Überprüfung der Ortsverhältnisse war verabredet worden, dass einer Ihrer Herren eine Ortsbesichtigung vornehmen sollte. Wir bitten, diese Besichtigung nach Möglichkeit in der am 2. Juli beginnenden Woche vorzunehmen und uns von dem Termin vorher rechtzeitig zu verständigen. Unsere Absicht, den z.Zt. laufenden Kräftebedarf durch KZ-Frauen abzudecken, haben wir lt. beiliegender Kopie dem zuständigen Sonderausschuss mitgeteilt"[9]

Gezeichnet wurde dieses Schreiben vom Direktor Werner Kratsch und dem Prokuristen Rudolf Schumann aus Zschopau. Wie dem Dokument zu entnehmen ist, war zu diesem Zeitpunkt bereits ein Häftlingseinsatz für den gesamten Konzern der Auto Union AG beschlossen. Dem Protokoll der Werksleitersitzung vom 27. Juli 1944 ist dem Tagesordnungspunkt 5) Arbeitseinsatzfragen b) zu entnehmen:

„Herr Leggewie gab anschließend Bericht über den Einsatz von KZ-Häftlingen. Er wies darauf hin, daß dies die letzte Gelegenheit ist, um die Werke hinsichtlich ihres Kräftebedarfs zu befriedigen. Allen Anschein nach wird weder mit einem Zufluß von Ost- noch Westarbeitern zu rechnen sein. Aus der deutschen Wirtschaft sind in den letzten Wochen in verstärkten Maße – soweit Arbeitskräfte überhaupt noch zugewiesen werden – n u r Frauen – und davon wieder vorwiegend Halbtagsfrauen – den Werken gestellt worden.

---

[9] StadtA Oederan – Kopie im Archiv der Gedenkstätte Flossenbürg

Herr Leggewie ging noch auf die Vorteile des Einsatzes von KZ-Häftlingen ein :

12-stündige Arbeitszeit

kein Urlaub

keine Freizeit durch Arztbesuche in der Stadt

keine Ausfallzeit durch den Besuch von Spezialärzten

In diesem Zusammenhang wurden die Werke davon verständigt, daß wir statt der ursprünglich vorgesehenen rund 2000 Häftlinge auf Veranlassung des Haupausschusses Kraftfahrzeuge 3200 Häftlinge ansetzen müssen. Herr Dr. Richter wies darauf hin, daß versucht werden soll, eine möglichst geringe Anzahl von durch den Einsatz der KZ-Häftlinge frei werdenden ausländischen Arbeitskräften an die Zulieferindustrie abzugeben. Hierüber werden noch Verhandlungen mit den zuständigen Behördenstellen in Berlin geführt."[10]

Nur wenige Tage nach dieser Werksleitersitzung des Auto Union Konzerns reist ein gewisser Herr Noack von der DKK nach Flossenbürg, um dort entsprechende Verhandlungen mit dem Lagerkommandanten des KZ über den weiteren Verfahrensweg zu führen. Noacks Reisebericht vom 10. August über den Besuch des K.L. Flossenbürg/Oberpf. am 8. und 9. August 1944 lautet:

„Verhandelt wurde mit Herrn Obersturmbannführer Koegel. Die gesamte Angelegenheit konnte restlos geklärt werden, sodass Differenzen nicht mehr bestehen. Herr Obersturmbannführer Koegel zeigte sehr gutes Entgegenkommen.

Folgende Punkte wurden besprochen und festgelegt:

1) Das Alter der als Wachpersonal einzusetzenden Frauen muss zwischen 21 und 45 Jahren liegen. Auf Grund dieser Bestimmungen mussten weitere 4 freiwillige Meldungen aus unseren Listen gestrichen werden, sodass zur Zeit nur eine Abgabe von 11 Aufsichtsfrauen zur Ausbildung möglich ist.

---

[10] StAC 31050 AU 587 Protokoll datiert auf den 21.8.1944

2) Als Termin der Einberufung wurde festgelegt, dass die als erste Ausbildungsrate von uns zu verschickenden Frauen am Montag, den 14., spätestens am Dienstag, den 15.d.M. in Marsch gesetzt werden. Die Auslagen sind von DKK zu tragen, jedoch findet eine Fahrgeldrückerstattung statt.

3) Die Ausbildung des ersten Schubs von Ausbildungspersonal findet noch in Ravensbrück statt, während die Ausbildung der weiteren Kräfte in Holleischen/Sud. (zwischen Pilsen und Bischofsteinitz) stattfindet.

4) Das Ausbildungspersonal wird bei Ankunft im Ausbildungslager einer ärztlichen Untersuchung unterzogen.

5) Jede Aufseherin hat ein politisches und polizeiliches Führungszeugnis mitzubringen

6) Jede Aufseherin hat ihre sämtlichen Arbeitspapiere mitzunehmen, auf alle Fälle ist auch die polizeiliche Abmeldung vorzulegen, da die Lebensmittelversorgung nach Wehrmacht-Gesichtspunkten erfüllt wird.

7) Mit einer ratenweisen Einführung der Häftlinge konnte sich Obersturmbannführer Koegel nicht zufrieden geben und es wurden folgende Abgabetermine angenommen:

1. Rate 100 Häftlinge 4. September 1944
2. Rate 200 Häftlinge 15. Oktober 1944
3. Rate 200 Häftlinge 1. Dezember 1944

Eine Vor- sowie Rückverlegung dieser Termine ist möglich, nur wird Wert auf geschlossene Abgabe gelegt.

8) Für die Häftlinge ist im Unterbringungsgebäude Färberei der hintere Ausgang bestimmt.

9) Der vordere Ausgang zur Werkküche und der Abschluss des Häftlingslagers nach der Küche ist ausbruchsicher zu machen.

10) Schneider- und Schusterwerkstatt ist in der 1. Etage unterzubringen.

11) Die derzeitige Wachstube bleibt bestehen und wird Tag und Nacht mit Wachpersonal belegt, um Kontrolle über die in der 1. und 2. Etage befindlichen Schlafräume zu haben.

12) Die Wohnbaracke für das Aufsichtspersonal bedarf einer Umänderung. Nach neuester Bestimmung dürfen nur 2 Aufseherinnen in einem Zimmer untergebracht werden. Mit Herrn Archt. Kornfeld ist die Angelegenheit bereits beklärt. Im Tagesraum müssen zwei weitere Zimmer geschaffen werden, sodass in der Wohnbaracke 10 Zimmer a/2Betten zur Verfügung stehen. In der Färberei müssen ebenfalls zwei weitere Zimmer errichtet werden, sodass 12 Zimmer a/2 Betten verfügbar sind.

13) Herr Koegel sprach die Bitte aus, von der Stacheldrahtvergitterung abzusehen und dafür Eisenvergitterung zu wählen. Da aber von der Kommandantur KL. Flossenbürg eine Bescheinigung über den Bezug von Stacheldraht ausgestellt wurde, verbleibt mir nach Rücksprache mit Herrn Kornfeld leider nur noch die Stacheldrahtvergitterung. Eine Eisenvergitterung würde eine zu große Menge Kontingent verlangen, und unter den heutigen Verhältnissen wäre dies nicht zu verantworten.

14) In Fragen Luftschutz stellt die SS keine Forderungen, sondern überlässt dies der Firma. Auf Vorschlag könnte evtl. die Erstellung einfachster Splitterschutzgräben vorgenommen werden. Nach Untersuchung der örtlichen Verhältnisse wird vorläufig von einer Errichtung derselben abgesehen. Die in der Fabrikation arbeitenden Häftlinge werden bei Alarm im Keller des Neubaues, zur Zeit schon als Luftschutzraum gebraucht, untergebracht. Für die in der Färberei befindlichen Häftlinge muss vorgeschlagen werden, dass selbige vorläufig bei Alarm in den derzeitigen Speiseraum sowie anschließenden Räumen im Erdgeschoss unterzubringen sind. Um hier einen Splitterschutz zu haben, wäre zu erwägen, dass in einem Abstand von 1 m vom Gebäude in Fensterhöhe ein Splitterschutz in Mauerform zu errichten wäre. Mit Herrn Kornfeld wird diese Angelegenheit bei seinem Hiersein besprochen. Die Errichtung von Splitterschutzgräben dürfte insofern Schwierigkeiten bereiten, weil nicht nur Gelände fehlt,

sondern auch evtl. freizumachendes Gelände wiederum mit Stacheldraht versehen werden müsste. Ferner ist zu bedenken, dass bei nächtlichem Alarm der mit evtl. Stacheldraht umzäunte Gang von der Färberei bis zum Graben unter schärfster Bewachung stehen müsste.

15) Über die Entlohnungsfrage ist KL Flossenbürg nicht zuständig. Es wurden uns aber die entsprechenden Formulare ausgehändigt, die wir an B in 3facher Ausfertigung (wovon 2 Exemplare an die Kommandantur Flossenbürg weiterzuleiten sind) übersenden und um deren Weiterleitung wir bitten.

16) Bei der Kommandantur Flossenbürg liegen zwei weitere Anforderungen vor und zwar

500 Häftlinge Wilischthal[11]
500 Häftlinge Scharfenstein[12]

Wilischthal konnte mit Herrn Sturmbannführer Koegel besprochen werden, während Scharfenstein unbekannt war. Das inzwischen mit B geführte Telefongespräch ergab, dass Forderung Scharfenstein nicht besteht. Kommandantur Flossenbürg wurde davon unterrichtet. Scharfenstein muss nach Prüfung der örtlichen Verhältnisse feststellen, wie viel Frauen als Bewachungspersonal in Frage kommen und unter namentlicher Meldung dieses Bewachungspersonals KL Flossenbürg um Besichtigung bitten. Hier wird Obersturmbannführer Koegel selbst erscheinen. Herr Koegel bittet gleichzeitig um Mitteilung, wer als verantwortliche Person für Führung der Verhandlung Scharfenstein zuständig ist und ob sein Besuch in Scharfenstein oder Wilischthal zu erfolgen hat."[13]

---

[11] Zweigniederlassung Wilischthal – Verlagerungsbetrieb Mafrasa: auch für diesen Standort wurde eine ähnliche ratenweise Einführung der KZ-Häftlinge vereinbart. Es kommen aber nur die ersten beiden Raten zustande, und es werden somit nur 301 jüdische Frauen aus Auschwitz eingesetzt. Vgl. Cziborra, Pascal. KZ Wilischthal. Unter Hitlerauges Aufsicht
[12] Stammwerk der DKK. Möglicherweise kamen zeitweise doch 183 männliche KZ-Häftlinge zum Einsatz . Vgl. Cziborra. KZ Wilischthal S.12
[13] StadtA Oederan – Kopie im Archiv der Gedenkstätte Flossenbürg

14

Nachdem Herr Noack mit diesem Reisebericht nach Scharfenstein zurückgekehrt ist und die meisten offenen Fragen seinerseits geklärt waren, werden die weiteren Vorbereitungen zur Lagereröffnung getroffen und die gestellten Bedingungen nach und nach erfüllt. Mitte August fahren die ersten künftigen Aufseherinnen aus dem Werk Oederan wahrscheinlich nach Ravensbrück[14] und später zunächst eine kleinere und anschließend eine größere Gruppe von Frauen aus der Belegschaft zum Ausbildungslehrgang zur SS-Aufseherin nach Holleischen.

Nachdem damit die bevorstehende Häftlingszuweisung für das Werk K, Verlagerungsstandort Nähfadenfabrik Kabis, und die Wachpersonalfragen wohl zur unternehmerischen Zufriedenheit in die Wege geleitet worden war, geht man bei der DKK in Scharfenstein zur Planung einer weiteren Produktion durch KZ-Häftlinge in Oederan über. Dabei geht es um das Werk S, dem Verlagerungsstandort Leineweberei Salzmann an der Eppendorfer Straße, einem Zweigwerk des 1876 durch Heinrich Salzmann gegründeten Textilkonzerns Salzmann & Comp. , Kassel. So teilt die DKK Scharfenstein am 19. August 1944 dem Auto-Union–Vorstandsvorsitzenden Bruhn mit:

„Das Objekt Oederan ist der Dienststelle [Hauptausschuss Munition] als zusätzliches Objekt außerordentlich wertvoll. Herr Obstlt. Soika hat sofort zugegriffen, um eine Notlage in der Infanterie-Munition zu steuern, die durch die Vorgänge im Osten und Westen entstanden ist. Herr Obstl. Soika hat in sehr liebenswürdiger, aber sehr entschiedener Form Herrn Direktor Kratzsch aufgegeben, diese Fertigung zusätzlich zu den bisherigen Aufgaben aufzuziehen. [...] Herrn Skudlarek, der zurzeit auf Urlaub ist, hat Herr Kratzsch unterrichtet. Herr Skudlarek ist mit dem neuen Objekt für die Infanterie-Munition bei Salzmann einverstanden, da Maschinen in kürzester Frist gestellt werden und das Projekt, Arbeitskräfte zu beschaffen, im Augenblick lösbar erscheint."[15]

---

[14] Konkrete Personen sind bislang nicht zu bestätigen.
[15] Brenner/Düsing S.34 Staatsarchiv Dresden (Chemnitz) StAC AU 3896

15

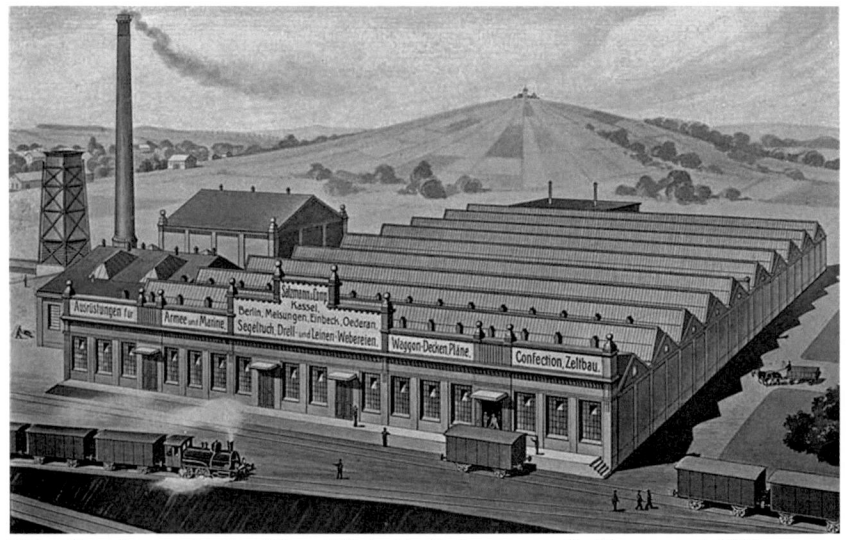

P1: Zweigwerk der Textilfabrik Salzmann & Co. um 1907
© Erhard Scherpf – Quelle: Firmenfestschrift von 1913

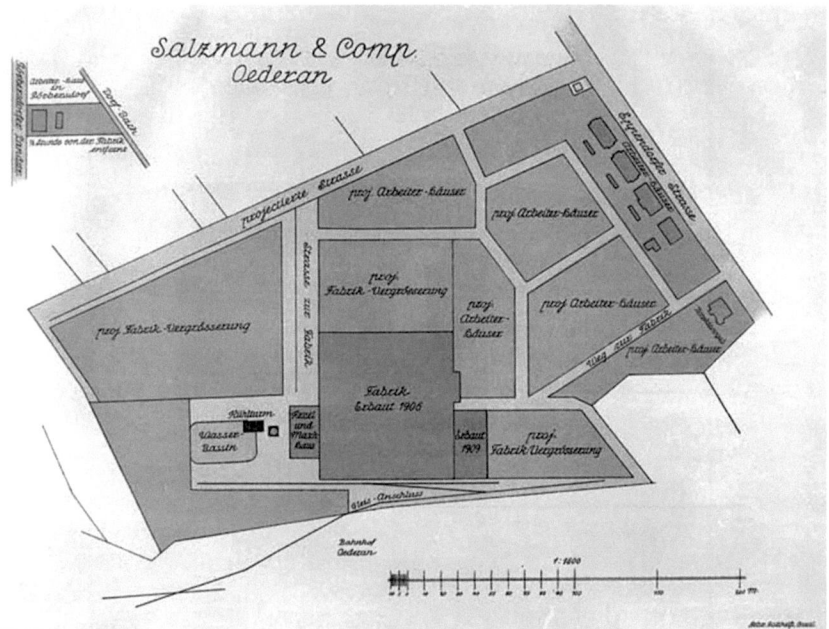

P2: Projektierungsplan Textilfabrik Salzmann
© Erhard Scherpf – Quelle: Firmenfestschrift von 1913

Wohl eigens für den im größeren Stil geplanten Häftlingseinsatz und der Produktionsaufnahme in Oederan wird schließlich noch am 29. August 1944 in Chemnitz im Beisein der Direktoren Dr. Richard Bruhn, Dr. Carl Hahn und Dr. Werner Kratsch, sowie des Notars Dr. J.G. Seidel unter Vertretungsvollmacht der Prokuristen Günther Weinhold und Rudolf Schumann der DKK vom 24. August 1944, die Agricola-GmbH gegründet. [Nr.244 Jahr 1944 Urkundenrolle][16] Das erste Geschäftsjahr der Agricola GmbH beginnt laut dem Gesellschaftsvertrag vom 4. Oktober 1944 am 1. September 1944, dem Monat der Lagereröffnung. Die Gesellschaft hat ihren Sitz in Scharfenstein und das Stammkapital beträgt 1.000.000.—Reichsmark. Davon entfallen 100.000 RM der Stammeinlage auf die Auto Union AG und 900.000 RM auf die DKK, die bei Gründung in vollem Umfang einzuzahlen waren. Als erste Geschäftsführer werden die Direktoren Werner Kratsch und Max Skudlarek, beide aus Scharfenstein, genannt.

Für diese Gesellschaft innerhalb des Auto Union Konzerns sollen die angeforderten KZ-Häftlinge schließlich auch zum Einsatz kommen.

---

[16] Der Gesellschaftsvertrag wurde am 4. Oktober 1944 in Chemnitz verhandelt Nr. 287 Jahr 1944 der Urkundenrolle. Ebenfalls Dr. J.G. Seidel StAC AU 2466

b) September 1944: Ankunft des 1. Transportes 12.09.1944

Nachdem der Wunsch des DKK-Vertreters nach einer noch kleinschrittigeren Ablieferung der KZ-Häftlinge durch Max Koegel, dem Lagerkommandanten des KZ Flossenbürg, abgelehnt worden war, werden den im August getroffenen Vereinbarungen entsprechend am 12. September, lediglich mit geringer zeitlicher Verzögerung, die ersten 100 weiblichen KZ-Häftlinge aus dem Lager Auschwitz-Birkenau an die Agricola-GmbH abgegeben. Die Frauen sind im Alter zwischen 13[17] und 43 Jahren und ihnen werden genau 101 Matrikel im Flossenbürger Häftlingsnummernbereich von 59153 bis 59453 zugewiesen.[18] Der niedrigste registrierte Jahrgang lautet 1901[19]. Den höchsten registrierten Jahrgang 1930 liefert Herta Deutelbaum[20]. Zahlreiche weitere Mädchen sind bei Ankunft in Oederan 14 Jahre alt oder werden in Oederan Ende 1944 erst noch 14.

Der Oederaner Arbeitstransport wurde in Auschwitz zu großen Teilen aus ehemaligen Häftlingen des KZ Plaszow zusammengestellt, die Anfang August nach Birkenau überstellt worden waren. Laut Flossenbürger Nummernbuch und Auschwitzer Transportliste handelt es sich um 67 ungarische und 33 polnische Jüdinnen sowie die russische Häftlingsärztin Sina Makarowa. Die ungarischen Jüdinnen waren nach ihrer Erstselektion im KZ Auschwitz zwischen dem 15. Mai und 30. Juni 1944 zum Teil Arbeitstransporten nach Plaszow zugeteilt worden und so nach Krakau gelangt. Die polnischen Frauen stammten aus Krakau oder waren aus umliegenden Ghettos, beispielsweise aus Tarnow oder Drohobyz, nach Krakau-Plaszow eingewiesen worden. Im Zuge der Liquidierung Plaszows gelangen die Arbeitsfähigen nach Birkenau. Danuta Czech datiert ihre Ankunft auf den 6. August 1944:

---

[17] FloNo.: 59442 26.09.1930 [1927] Erzsebeth Wertheimer, FloNo.: 59415 Stern Edith 23.09.1930 [1926], FloNo.: 59391 Livia Salamon ? 02.11.1930 [1926], FloNo.: 59249 Sara Grunwald 12.11.1930 [1925]
[18] Vgl. Cziborra. KZ Flossenbürg. Gedenkbuch der Frauen. S.19
[19] FloNo.: 59403 Erzsebet Schwarz
[20] FloNo.: 59194

„Mit einem Transport des RSHA treffen 7500 Jüdinnen aus dem KL Plaszów ein. Sie werden im Durchgangslager in Birkenau untergebracht."[21]

In den Folgetagen durchlaufen sie dort verschiedene Selektionen und spätere Oederaner Häftlinge werden am 8., 10., 11. und 12. August 1944 mit Nummern zwischen A-17194 und A-23994 tätowiert. Danuta Czech notiert u.a. für den 11. August:

„Die Nummern A-21001 bis A-22999 erhalten 1999 Jüdinnen, die aus dem Durchgangslager in Birkenau selektiert worden sind. Unter ihnen befinden sich wahrscheinlich ungarische und polnische Jüdinnen."[22]

Eine der betroffenen Personen war beispielsweise die ungarische Jüdin Eva Krausz[23] mit der Nummer A-22582. Über ihr Schicksal nach Ankunft in Auschwitz [im Mai 1944] berichtet die Fünfzehn-jährige am 4. Juli 1945 nach ihrer Rückkehr in Ungarn:

„Schon nach fünf Tagen wurde ich in einen Arbeitstransport eingereiht, der aus etwa 5000 ausschließlich weiblichen Häftlingen bestand. Vor dem Abtransport mussten wir eine ganze Nacht Appell stehen; es goss in Strömen, so dass wir bis auf die Knochen nass wurden und entsetzlich froren. Wir litten aber nicht nur körperlich, sondern auch seelisch, denn es war uns gesagt worden, dass wir nicht zur Arbeit geschickt, sondern vergast und dann verbrannt werden sollen. Wir wurden von einer heillosen Todesangst gepackt, die um so begreiflicher war, als wir deutlich die aus dem Krematorium aufsteigenden Flammen sahen. Wir mussten deswegen die ganze Nacht Appell stehen, weil der Transport noch nicht vollkommen zusammengestellt war und die Einreihung von 5000 Mädchen und Frauen in einen Transport eben so viel Zeit in Anspruch nahm. Wir atmeten förmlich auf, als wir bereits in den Waggons saßen und der Zug Auschwitz verließ.

---

[21] Danuta Czech S.842
[22] Danuta Czech S.847
[23] FloNo.: 59304 *16.04.1930 [1928]

19

Nach vierstündiger Fahrt hielt der Zug in Plaszow, einer Vorstadt von Krakau, das eigentlich das Getto dieser Stadt und von mit elektrischem Starkstrom geladenen Drähten umgeben war. Es waren fürchterliche sechs Wochen, die ich hier zubrachte. Die Arbeit war schwer und zwecklos, da sie nur dazu diente, um uns zu schinden, und die Kost war fast ungenießbar. Außerdem lebten wir unter ständigen Drohungen und wurden gepeitscht oder anderswie schwer misshandelt. Eines Tages bemerkte ich, während wir zur Arbeit geführt wurden, auf einem freien Felde einen brennenden Scheiterhaufen. Ich sah, wie etwa fünf oder sechs Personen, augenscheinlich eine Familie, da sich unter ihnen auch Kinder befanden, durchsucht und dann in die Flammen gestoßen wurden. Als wir von der Arbeit denselben Weg zurückgeführt wurden, war der Scheiterhaufen bereits ausgebrannt und über die verkohlten Leichenteile hatte man Sägespäne gestreut. Als die Russen sich Krakau näherten und der Geschützdonner immer stärker wurde, wurden wir von Plaszow weggeführt. Wir wurden einwaggoniert, wobei 130 Häftlinge in einen Waggon gesteckt wurden. Während der Fahrt wurde wiederholt auf offener Strecke haltgemacht, was nur den Zweck hatte, uns schutzlos den sengenden Sonnenstrahlen preiszugeben und unsere Durstqualen noch zu vergrößern. Denn natürlich hatten wir für die Fahrt weder Lebensmittel noch Wasser mitbekommen. So kam es, dass wir für dieselbe Strecke, die wir auf der Hinfahrt in vier Stunden zurückgelegt hatten, auf der Rückfahrt drei volle Tage brauchten. So waren wir wieder in Auschwitz eingetroffen, wo wir fünf Wochen mit Nichtstun, Hungern und Appellstehen verbrachten. Nach dieser Zeit wurde ich wieder in einen Arbeitstransport eingereiht, der diesmal nach Oederan bei Chemnitz abging, wo sich eine Patronenfabrik befand. Die Lage wäre halbwegs erträglich gewesen, wenn wir nicht so wenig zu essen bekommen hätten. Um so mehr und schwerer mussten wir arbeiten. Auch wurde der Ort häufig von Fliegerangriffen heimgesucht."[24]

---

[24] DEGOB-Protokoll 958 – 04.07.1945

Die Situation, die die ersten etwa 100 Häftlinge im Oederaner Zweigwerk der DKK Scharfenstein bei ihrer Ankunft vorfinden, ist längst nicht so, wie von unternehmerischer Seite aus ursprünglich geplant. Einem Schreiben der DKK Scharfenstein vom 26. September 1944 ist zu entnehmen, dass die für den Anlauf der Produktion benötigten Durchgangsöfen der Firma BBC immer noch nicht in Betrieb genommen werden konnten, obwohl die Anforderung der KZ-Häftlinge eigens für diese Fertigungslinie erfolgte. Den gesamten Sachverhalt darstellend heißt es:

„Seit Herbst 1942 ist DKK beauftragt, Preßlinge für Geschosshüllen 2 cm Sprenggranaten herzustellen. Zu der Fertigung gehören 2 Durchgangsöfen mit Schutzgasanalage GS 100 der Firma BBC in Dortmund. Diese Öfen sind bereits im Jahre 1942 von dem OKH, Wa Chef Ing 7, bei BBC bestellt und im Herbst 1942 wurden der Firma DKK 2 Öfen für obigen Verwendungszweck zugewiesen. Seit Januar 1943 ist immer wieder vergeblich versucht worden, von BBC verbindliche Liefertermine zu erhalten. Die Verhandlungen seitens der Firma DKK erfolgten größtenteils mit dem Leiter der Verkaufsabteilung in Dortmund, Herrn Torngern. Die Abteilung hat heute ihren Sitz in Kehlheim/Donau. Der befohlene Hochlauf der 2-cm-Geschoßhüllen-Fertigung scheitert auch bei anderen Lieferanten an der Bereitstellung der notwendigen Preßlinge. Die Aufnahme dieser Preßling-Fertigung war deshalb besonders dringend. DKK hat alle Anstrengungen gemacht und auch jede Unterstützung hierfür gefunden, um die Preßling-Fertigung schnellstens zu ermöglichen. Bereits im Herbst 1943 waren die Betriebsmittel und Maschinen soweit vorbereitet, dass mit der Fertigung hätte begonnen werden können. Infolge einer Verlagerungsanweisung der Fertigungsstätte verzögerte sich jedoch der vorgesehene Anlauf bis zum Frühjahr 1944. Etwa im April 1944 jedoch hätte mit der programmgemäßen Serienfertigung von Preßlingen begonnen werden können, wenn damals der von BBC zugesagte Ofen bereitgestanden hätte. Seit dieser Zeit stehen im Werk Oederan der Firma DKK die gesamten Einrichtungen für die Preßling-Fertigung völlig unausgenutzt. Die Einrichtungen für die Geschoß-Fertigung konnten nur zum

Teil ausgenutzt werden, soweit andere Hersteller Preßlinge bereitstellen konnten. Nachdem bei diesen Herstellern infolge höh[e]rer Gewalt Einbrüche in der Fertigung erfolgten, stößt jedoch die Zulieferung von Preßlingen von dieser Seite auf ständig wachsende Schwierigkeiten, so dass selbst der jetzt ausgenutzte Teil der Fertigungseinrichtungen evtl. noch stärker stillgelegt werden muß. Was für DKK gilt, gilt übrigens auch noch für eine Reihe weiterer Fertigungsstätten.

Seit Herbst vorigen Jahres drängt DKK die zuständigen Stellen des OKH ununterbrochen. Diese haben sich auch bei BBC um bevorzugte Lieferung bemüht. Anfang Februar hat das OKH auch verbindliche Lieferzusagen von BBC erhalten, so dass DKK telegrafisch Versandvorschriften erteilen mußte. Diese Lieferzusagen wurden von BBC nicht gehalten, mit dem Hinweis, dass eine ungenügende Dringlichkeitsbestätigung vorliegt.

Im Mai 1944 konnte das OKH unter Einschaltung des Reichsministers für Rüstung und Kriegsproduktion Einstufung in die Dringlichkeitsstufe 4949 – der damals höchsten Stufe – erreichen. Gleichzeitig wurde der Leiter des Arbeitsringes elektr. Widerstandsöfen, Herr Dr. Simon in Firma AEG, Berlin, Friedrich-Karl-Ufer, eingeschaltet. Dieser gab sich die größte Mühe, er stieß jedoch auf immer neue Ausflüchte von BBC, bis endlich im Juni die Firma BBC auf seine Anweisung hin sich bereiterklärte, einen für einen anderen Lieferanten bestellten Ofen an DKK zu liefern, während BBC Ersatzmaterial hierfür auf Antrag erhalten sollte.

Anfang August lieferte nunmehr aufgrund dieser Vereinbarung BBC das Ofengehäuse, ohne jede innere Einrichtung, so dass der Ofen nicht betriebsfertig war und ist. Auf erneute Vorhaltungen und Einschaltungen von OKH und Dr. Simon kam erneut die Einwendung, dass kein Material zur Verfügung stände. Nach wiederum erfolgter Klärung teilte Dr. Simon als endgültigen Liefertermin Ende September – Betriebsbereitschaft des Ofens – mit. Zu diesem Termin sendet nunmehr BBC ein Telegramm mit der bereits bekannten Ausrede, dass das Material noch nicht bewilligt sei. Dr. Simon stellt daraufhin zunächst lediglich fest, dass ein Antrag von BBC für Ersatzmaterial noch nicht gestellt sei, das zunächst zu liefernde Material aber aus anderen Aufträgen bereitstände. Durch dieses Verhalten von BBC sind bis jetzt schon schätzungsweise 1 Mill. Geschosse 2 cm weniger gefertigt worden. Der Ausfall in den folgenden Monaten beträgt jeweils mehrere 100.000 Stück. Aufgrund der verbindlichen Lieferzusage für September sind von DKK zusätzlich KZ-Häftlinge angefordert und von der SS. zugesagt worden. Ein Teilkontingent dieser KZ-Häftlinge ist bereits zur Verfügung gestellt. Weitere Zuweisung erfolgt in Kürze."[25]

c) Oktober 1944: Ankunft des 2. Transportes am 09.10.1944

Trotz geschilderter Lieferprobleme funktionstüchtiger Widerstandsöfen, erreicht der zweite Häftlingstransport, ursprünglich erst für den 15. Oktober angedacht, wohl schon am 9. Oktober 1944 das Flossenbürger Außenlager Oederan. Der Transport besteht aus 200 Jüdinnen, die nahezu[26] ausnahmslos aus dem Ghetto Lodz über Auschwitz-Birkenau in einem Arbeitstransport nach Oederan gelangen. Sie werden am 7. Oktober 1944 von Auschwitz überstellt. Danuta Czech schreibt für diesen Tag im Kalendarium:

„Aus dem KL Auschwitz II werden 1150 weibliche Häftlinge in das KL Flossenbürg überstellt."[27]

Dabei dürfte es sich um eine kumulierte Zahl dreier Transporte für die Flossenbürger Außenlager Oederan [09.10.1944 – 200], Hertine [10.10.1944 – 600] und Hainichen [11.10.1944 – 350] handeln. Von Auschwitz bis nach Chemnitz werden die späteren Oederaner Häftlinge in Viehwaggons transportiert. Von Chemnitz nach Oederan in einem gewöhnlichen Personenzug. Ihnen werden die Flossenbürger Häftlingsnummern 54436 bis 54635 zugewiesen.

---

[25] Sächsiches Staatsarchiv Chemnitz AU - Schreiben vom 26.09.1944
[26] außer Gabriela Heller – Häftlingsärztin, FloNo.: 54588
[27] Danuta Czech. S.898 laut APMO, D-AuII-3a/56, FL Stärkemeldung

Die jüdischen Frauen und Mädchen sind im Alter zwischen 12[28] und 50[29] Jahren, obwohl der niedrigste registrierte Jahrgang 1901[30] und der höchste 1927[31] lautet. 196 Personen[32] sind polnische Jüdinnen, von denen fälschlicherweise 1 Person[33] als slowakische Jüdin registriert wird. Unter den Häftlingen befinden sich aber auch eine Tschechin, eine Deutsche und eine Österreicherin sowie eine ungarische Häftlingsärztin. Die drei erstgenannten waren wie ihre polnischen Mithäftlinge zwar vor Birkenau auch im Ghetto Lodz interniert, sind aber ursprünglich aus Prag, Düsseldorf und Wien deportiert worden. Die Häftlingsärztin Gabriela Heller wurde wohl als einzige der 200 Personen nicht über Lodz deportiert und dem Transport in Auschwitz wahrscheinlich in der Funktion als Lagerärztin speziell zugeteilt. Sie erreichte Auschwitz aus Budapest im Juli 1944.

FloNo.:	Name	Geburt	Nat.:	Deportation
54558	Rosenberg, Edith	24.04.1906 Ostrava	CZE	Prag - Lodz 03.11.1941
54566	Sostheim, Erna	27.06.1894 Lippstadt	RD	Düsseldorf – Lodz 27.10.1941
54634	Wolken, Gerti	16.01.1925 Wien	RD	Wien - Lodz 23.10.1941
54588	Heller, Gabriela	21.05.1912 Cluj	HUN	Budapest-Birkenau Durchgangslager

Sara Honigman und Miriam Werebejczyk berichten über ihre Transportankunft in Oederan:

„Wir fuhren, zusammengepfercht in Viehwagen, nach Chemnitz. Ein junger deutscher Soldat der ausnahmsweise mensch-

---

[28] FloNo.: 54442 Masza Dobrowolska
[29] FloNo.: 54570 Chana Kaganowska *18.12.1893 Lodz [18.12.1906]
     FloNo.: 54566 Erna Sostheim *27.06.1894 [27.07.1906]
[30] FloNo.: 54512 Chana Lewin
[31] FloNo.: 54436, 54463, 54474, 54500, 54600, 54605
[32] Nur die ersten Personen auf den Nummernbuchseiten werden mit Nationalitäten geführt. Alle werden aber mit Geburts-/Herkunftsort gelistet.
[33] FloNo.: 54551

24

lich und freundlich war, sagte uns: ‚Habt keine Angst! Ihr fahrt zur Arbeit.' Auf dem Bahnhof sahen wir zum ersten Mal nach fünf Jahren wieder freie, normal angezogene, zivile Menschen. Von Chemnitz fuhren wir in normalen Zugwaggons nach Oederan", erzählt Sara Honigman. „Als wir in Oederan ankamen, wurden wir von der Hitlerjugend empfangen. Es war dunkel. Die HJ-Jungen begleiteten uns bis zur Fabrik. Wir konnten überhaupt nichts sehen und hatten nur den einen Gedanken: ‚Das ist das Ende!'" Die Unterkunft für die gefangenen Frauen befand sich damals im hinteren Fabrikgebäude. In den Räumen gab es eine Zentralheizung. So etwas sei nach den Erlebnissen in Auschwitz überhaupt nicht mehr vorstellbar gewesen! Jede bekam eine eigene Decke. Ein älterer Obersturmführer habe Suppe ausgegeben und rechtfertigend dazu gesagt, dass sie leider kalt sei, weil sie verspätet angekommen wären. Nach Auschwitz aber, so beide, sei Suppe an sich schon etwas schier Undenkbares gewesen."[34]

Lillian S. gibt 1970 außerdem zu Protokoll:

„Am 24. August 1944 wurde ich von Lodz nach Auschwitz gebracht. In Auschwitz blieb ich etwa sechs Wochen. Dann wurde ich nach Oederan in der Nähe von Chemnitz gebracht. Wir fuhren in Personenwagen[35]. Wir wurden von Wehrmachtsangehörigen bewacht, die uns anständig behandelten. Unterwegs bekamen wir einmal bei einem Aufenthalt Getränke vom Roten Kreuz. Etwa am 10. Oktober trafen wir in Oederan ein. Es könnte auch ein paar Tage später gewesen sein. Ich erinnere mich an das Datum 10. Oktober, weil es der Geburtstag meiner Schwester Rozka war, die eine Woche vor der Abreise in Auschwitz von uns weggenommen wurde. [...] Wir wurden in dem Lager [Oederan] gleich mit einem warmen Bad empfangen. Das war für uns sehr überraschend. Wir hatten sogar Angst, dass etwas anderes mit uns geschehen würde. Nach dem Bad bekamen wir Kleidung."[36]

---

[34] Düsing. S.105
[35] Von Chemnitz nach Oederan – vgl. Aussage Sara Honigman
[36] Barch B 162 / 25631 S. 114f. VP Lillian S.

Salomea H. erinnert:

„Meine Tochter und ich waren in Oederan am Anfang in so schlechter gesundheitlicher Verfassung, dass wir nicht zur Arbeit genommen wurden, wir waren ganz ausgehungert. Wir wurden deswegen in Quarantäne getan. Das bedeutete nur, dass wir in der Halle oben auf unseren Pritschen blieben und nicht zur Arbeit zu gehen brauchten. Nach einigen Wochen waren wir wieder soweit hergestellt, dass wir arbeiten konnten. Wir wurden dann in der Presserei beschäftigt, weil es dort mehr Suppe und mehr Brot gab."[37]

d) Oktober 1944: Erster Todesfall

Kurz nach Ankunft des zweiten Häftlingstransportes kommt es in Oederan zum Tod einer Jüdin aus dem ersten Transport. Die zwei Tage zuvor verstorbene Eva Lea Wertheimer[38] wird am 12. Oktober auf dem Friedhof der evangelisch-lutherischen Kirchengemeinde beerdigt und am 16. Oktober im Flossenbürger Nummernbuch aus der Lagerstärke abgemeldet. Ihr Bruder Azriel reichte am 1. Oktober 1955 in Israels zentraler Gedenkstätte Yad Vashem ein Gedenkblatt für Eva ein. Entgegen dem Registratureintrag im Flossenbürger Nummernbuch, handelte es sich bei Eva Lea Wertheimer um ein junges Mädchen und nicht um eine gestandene Frau. Das Gedenkblatt nennt explizit den Jahrgang 1922 und den Todesort Oederan. Damit könnte Eva Lea, die wohl mit ihren Schwestern in Oederan war, möglicherweise auch am 9. Februar oder aber am 2. September, aber definitiv in Balkany geboren worden sein. Sie wurde aus dem Ghetto Nyiregyhaza nach Auschwitz deportiert und erreichte von dort zunächst das KZ Krakau-Plaszow, bevor sie nach ihrer Rückkehr in Birkenau von Auschwitz nach Oederan überstellt worden war. Eine Rückmeldung Hinterbliebener zur Bestätigung der korrekten Geburtsdaten wäre wünschenswert.

---

[37] Barch B 162 / 25631 S. 108 VP Salomea H.
[38] FloNo.: 59443 [*22.09.02]

e) Oktober 1944: Erste Rücküberstellung

Am 17. Oktober wird die ungarische Jüdin Gizella Lichtenstein aus dem ersten Oederaner Transport in das Frauen-Konzentrationslager Ravensbrück überstellt. Da ihr Arbeitstransport zu diesem Zeitpunkt noch nicht im Flossenbürger Nummernbuch registriert war, weist man ihr im Zuge der Rücküberstellung zunächst die Häftlingsnummer 57230 und später unbemerkt eine zweite Häftlingsnummer – 59319 – innerhalb des Nummernbereiches des ersten Oederaner Arbeitstransportes zu. Weder der Überstellungsgrund noch das weitere Schicksal Gizella Lichtensteins[39] sind bislang bekannt. Möglicherweise war die junge Frau schwanger. Hinweise sind erwünscht!

f) Oktober 1944: Ankunft des 3. Transportes am 30.10.1944

Am 30. Oktober 1944 traf laut Flossenbürger Nummernbuch schließlich ein dritter Transport mit weiteren 200 jüdischen Häftlingen aus Auschwitz ein. Es handelte sich dabei größtenteils um Theresienstädter Jüdinnen, die mit einem Transport vom 23. Oktober 1944 nach Auschwitz eingewiesen worden waren und Birkenau am 25. Oktober 1944 erreichten. Sie sind demnach nur wenige Tage im Durchgangslager Birkenau festgehalten worden. Den 195 Frauen werden einzelne Häftlinge aus früheren Transporten, zwei davon ebenfalls aus Theresienstadt, angeschlossen. Bei den übrigen drei Frauen könnte es sich um Funktionshäftlinge handeln. Neben der slowakischen Kapo Edith Weiss befindet sich auch die ungarische Ärztin Dr. Eugenie Váll und eine weitere ungarische bzw. slowakische Jüdin unter den Frauen. Möglicherweise verlassen die 200 für Oederan bestimmten Frauen Auschwitz gemeinsam mit etwa 100 anderen jüdischen Häftlingen, die für das Flossenbürger Außenlager der DKK in Wilischthal vorgesehen waren. Diese Häftlinge werden in den Flossenbürger Nummernbüchern

---

[39] FloNo.: 59319 [57230] *02.05.1920

ebenfalls mit dem Registraturdatum 30.10.1944 geführt. Der mögliche gemeinsame Transport ließ sich bislang aber nicht anderweitig belegen. Die für Oederan bestimmten Jüdinnen sind im Alter zwischen 12^{40} und 53^{41} Jahren. Anna Schücková gibt sich bei der Selektion vor Angst um 14 Jahre, Gabriela Blochová[42] um 17 Jahre, und Aloisie Vilma Kubátová[43] gar um 21 Jahre jünger aus, als sie tatsächlich waren. Viele andere Frauen folgten diesen Beispielen in gemäßigterer Weise. Zudem gaben sich zahlreiche Mädchen älter aus, als sie waren, um als arbeitstauglich zu gelten. In den Nummernbüchern reicht das Jahrgangsspektrum für diesen Transport daher nur von 1904^{44} bis 1928^{45}. [Vgl. Teil 3 und Teil 4] Grete Salus berichtet von der Überstellung nach Oederan:

„Wir waren 72 Frauen in einem Wagen, unter Bewachung bewaffneter SS-Feldpolizei, saßen aufeinander, übereinander, auf einem Haufen. In der Nacht ohne Licht kam es zu einer unbeschreiblichen Verwirrung und Panik. Gegen Ende der Reise waren wir schon alle so erschöpft, dass uns alles egal war und wir nur einen Wunsch hatten, zu schlafen. Von den Polizisten erfuhren wir, dass unser Ziel Oederan in Sachsen sei. Bis Dresden war die Fahrt fast eine genaue Wiederholung unserer Auschwitzer Reise, nur dauerte sie noch länger und weckte schmerzliche Erinnerungen. [...]
Eine Erstaufseherin[46] hatte die erste Zeit das Kommando [in Oederan] – sie war nicht allzu schlecht – und was das beste war, wir mussten die ersten drei Wochen nicht zur Arbeit. Das war für unseren seelischen und körperlichen Erschöpfungszustand eine gute Sparmaßnahme unserer Kräfte, die den kommenden Anforderungen zugute kam. Diesem Umstande haben wir es wahrscheinlich zu verdanken, dass wir das

---

[40] FloNo.: 59362 Hana Pollaková *04.11.1931 [registriert 15.09.1926]
[41] FloNo.: 59400 Anna Schücková *12.07.1891 [registriert 12.07.1905]
[42] FloNo.: 59177 Gabriela Blochová *18.11.1892 [registriert 18.11.1909]
[43] FloNo.: 59306 Vilma Kubátová *15.09.1893 [registriert 15.10.1914]
[44] FloNo.: 59208 Karolina Fischlová *13.01.1898 [registriert 13.01.1904]
[45] FloNo.: 59265 Eliska [Michaela] Hermannová *28.02.1928
[46] Oberaufseherin Dora Lange

Ganze so gut durchhielten. Als wir ankamen waren bereits 300 Frauen anwesend, meist Polinnen und Ungarinnen. Diese hielten sich bereits drei Wochen[47] in Oederan auf und nur ein kleiner Teil von ihnen arbeitete. Sie arbeiteten in einer Waffenfabrik – Patronen, - einige Schritte von unserem Lager entfernt. Wir waren natürlich eingesperrt, hinter vergitterten Fenstern, herausschauen war strengstens verboten, so dass wir nach einiger Zeit wünschten arbeiten zu können, um wenigstens herauszukommen. Außerdem hatten wir Angst, wieder nach Auschwitz zurückgeschickt zu werden, wenn es hier keine Verwendung für uns gäbe. Die verhältnismäßig guten Zeiten sollten aber nicht zu lange dauern.“[48]

Außerdem erinnert Chanita Moses[49] völlig korrekt:

„Meine Eltern, zwei jüngere Brüder und ich sind von Westerbork in Holland im September 1944 nach Theresienstadt gekommen unter dem Namen Breslauer. [...] Von dort nach Auschwitz und nur ich nach Oederan mit einer Gruppe Frauen, Mädels, aus der Tschechei und Holland. [...] Dort wurden wir untergebracht in der Kantine von einer Weberei wo viele Frauen hauptsächlich im Nachtdienst beschäftigt wurden. Das Lager existierte schon als wir ankamen. Ich glaube es waren hauptsächlich polnische Frauen. Wir hatten wenig Kontakt [...] Uns wurde der sogenannte Außendienst angeboten und waren wir gerne bereit das zu machen. In diesem Lager waren im ganzen 500 Frauen. So liefen wir täglich ca. 15 Minuten zu einer anderen Weberei[50] die umgebaut werden sollte zu einer Munitionsfabrik.“[51]

---

[47] Die Differenz vom 30.10. zum 09.10. sind exakt 3 Wochen – die Ungarinnen und einige Polinnen [1. Transport] sind schon länger im Lager
[48] Grete Salus. Niemand – nichts, ein Jude. S.47ff.
[49] Ursula Breslauer *16.02.1928
[50] Salzmann – Oederan Werk S
[51] Archiv Cziborra: Korrespondenz vom

g) Aufbau und Sicherung des Lagers

Die Unterbringung aller 501 in drei Transporten überstellten Frauen erfolgte in den Gebäuden der Nähfadenfabrik Erwin Kabis. Die Häftlinge wurden wohl von dem Lagerkommandanten Oberscharführer Eggers und der Oberaufseherin Dora Lange in Empfang genommen. Das Lager war sehr wahrscheinlich mit Stacheldraht gesichert [vgl. Schreiben aus der Planungsphase] auch wenn sich etliche ehemalige Häftlinge nicht mehr explizit daran erinnern. Wachtürme werden nicht erinnert. Die Aussagen Überlebender bezüglich der Unterbringung in Oederan und zu Aufbau und Sicherung des Lagers können im Folgenden weitestgehend unkommentiert bleiben.

Bella B. gibt umfassend zu Protokoll:

„Das Lager bestand aus einem großen zwei- oder dreistöckigen Steingebäude. Wenn man das Gebäude betrat, kam man durch einen großen Speisesaal. Rechts vom Speisesaal befand sich die Küche und in jedem Stockwerk waren einige Schlafsäle. Die Unterbringung war jedenfalls viel besser als in den Lagern, in denen ich vorher war. Wir hatten auch Waschräume. Den Häftlingen war es erlaubt, am Samstagabend sich zu duschen oder zu baden. Auch ein Krankenrevier muß dagewesen sein. Ich habe es allerdings selbst nicht gesehen, weiß aber aus Erzählungen, dass zwei Häftlingsärztinnen dort tätig waren. Die Unterkünfte der SS-Aufseherinnen befanden sich in Holzhäusern neben dem Steingebäude. Um den ganzen Komplex war ein Stacheldrahtzaun gezogen. Soweit ich mich erinnere, waren keine Wachtürme vorhanden und der Draht war wohl auch nicht elektrisch geladen."[52]

Jean D. bestätig im Wesentlichen:

„Wir waren alle in einem großen Gebäude untergebracht. Dieses Gebäude war besser eingerichtet als die entsprechenden Gebäude in Auschwitz. Wir hatten Duschen und eine

---

[52] Barch B 162 / 25631 S. 88f. VP Bella B.

große Küche. Außerdem gab es ein besonderes Zimmer für Kranke. Wir hatten auch eine Ärztin, die möglicherweise Deutsche[53] war und nicht zu den Gefangenen gehörte."[54]

Rose D. erinnert:

„Wir waren in einer großen Baracke[55] untergebracht, die nicht auf dem Fabrikgelände lag[56]. Wir mussten zur Fabrik marschieren, es war nicht sehr weit. Die Baracke war in zwei große Räume aufgeteilt, in denen wir untergebracht waren. Wir haben auf mehrstöckigen Pritschen geschlafen. In jedem Bett lagen zwei Mädchen. Die SS-Frauen waren in einem besonderen Raum in der Baracke untergebracht. Das Lager war von keinem besonderen Zaun umgeben. Wir wurden einfach in der Baracke eingeschlossen. Bei uns in der Baracke wohnten nur SS-Frauen, keine Männer."[57]

Mina C. widerspricht teilweise:

„In Oederan waren wir nicht in Baracken untergebracht, sondern in einem Haus. Es könnte ein Holzhaus gewesen sein. Ich erinnere mich nicht mehr genau. Ich war mit dreißig bis vierzig Frauen in einer Stube. Wir haben dort auf mehrstöckigen Pritschen geschlafen. Ich kann nicht sagen, ob das Lager mit Stacheldraht umgeben war. Ich bin nicht nach draußen gekommen. Ich wurde nur immer von der Stube zur Fabrik geführt und zurück. Ich kann daher nicht sagen, was außerhalb der Stube vorgekommen ist."[58]

---

[53] Bislang nicht zu bestätigen.
[54] Barch B 162 / 25631 S. 72 VP Jean D.
[55] = Gebäude, vgl. folgende Aussagen – möglicherweise bezeichnete das Wachpersonal die Häftlingsunterkünfte dennoch als Baracken, oder es liegt eine Verwechslung mit den Unterkünften der Aufseherinnen vor vgl. Bella B.
[56] Dies steht deutlich im Widerspruch zu den übrigen Aussagen. Eventuell ist hier aber der Marsch zu Salzmann [Werk S /Außendienst] gemeint
[57] Barch B 162 / 25631 S. 111f. VP Rose D.
[58] Barch B 162 / 25631 S. 101 VP Mina C.

Lillian S. präzisiert:

„Unser Lager bestand aus einem großen Gebäude. Es war keine Baracke, sondern ein ziemlich anständig aussehendes Gebäude. Wir waren mit 500 Mädchen in einem großen Raum untergebracht. Wir schliefen auf mehrstöckigen Pritschen. Wir hatten Strohmatratzen. Wir haben mit zwei Mädchen in einem Bett geschlafen. Das Lager war sauber. [...] Ich glaube, das Lager war nicht mit Stacheldraht umgeben, ich kann das aber heute nicht mehr genau sagen."[59]

Grete Salus berichtet über die Unterbringungssituation:

„Man schlief zu zweit in einem der dreistöckigen Betten, zugedeckt mit einer dünnen Decke – oft krachte in der Nacht der ganze Bau zusammen – am Morgen war man müde und unausgeruht."[60]

Salomea H. gibt außerdem zu Protokoll:

„Wir waren in einer Halle auf dem Fabrikgelände untergebracht. Wir hatten etwa 100 Meter zur Arbeit zu gehen."[61]

h) Allgemeine Lagerbedingungen in Oederan

Den Berichten zum Aufbau und der Sicherung des KZ-Lagers Oederan sind bereits einige Angaben zur Unterbringung der Häftlinge, ihrer medizinischen Betreuung und der hygienischen Situation im Lager zu entnehmen. In diesem Kapitel soll noch einmal gesondert auf verschiedene Aspekte des Lagerlebens eingegangen werden. Da manche Äußerungen diverse Punkte umfassen, sollen allgemeinere Aussagen hier zunächst vorangestellt werden. So schildert Grete Salus in ihrem autobiografischen Aufzeichnungen „Niemand, nichts – ein Jude" sehr

---

[59] Barch B 162 / 25631 S. 114f. VP Lillian S.
[60] Grete Salus. Niemand, nichts – ein Jude. S. 54
[61] Barch B 162 / 25631 S. 108 VP Salomea H.

anschaulich die Ängste und den Druck, die nicht nur auf den Oederaner Häftlingen lasteten:

> „Angst hatten wir vor den verschiedenen, unberechenbaren Launen unserer Oberaufseherin, vor Kommissionen, Krankheit und Verringerung der Brotration. Angst hatten wir vor jeder Veränderung, vor Überraschungen. Vor allem hatten wir Angst vor dieser ungreifbaren Gefahr, die wir ständig spürten, die uns umgab und in die wir eingeschlossen waren, wie in einem magischen Kreis. Diese absolute Hilflosigkeit wurde uns durch nichts so ins Gedächtnis gerufen, wie eben durch diese eigentlich ungefährlichen Schikanen. Eine Übersiedlung in einen anderen Block, eine Arbeitsumgruppierung, eine neue Bemalung unserer Kleider, das brachte uns aus dem Gleichgewicht und ließ uns immer das Ärgste vermuten."[62]

Außerdem äußert sich Sara Honigman folgendermaßen über die allgemeinen Lagerbedingungen in Oederan:

> „Ja, es gab wenig zu essen und die Arbeit war hart, aber es war sauber und menschlich. [...] Ich bekam gleich am ersten Morgen Schuhe!"[63]

I.Kleidung:

Die Einkleidung der Arbeitstransporte erfolgte in Auschwitz kurz vor der Überstellung nach Oederan. Die zugeteilte Kleidung begleitete die Häftlinge oft während der ganzen weiteren Haft, da nur selten Ersatz ausgegeben wurde. Grete Salus berichtet über die Einkleidung in Auschwitz Birkenau für den dritten Oederaner Arbeitstransport:

> „Ich bekam statt eines Hemdes eine elegante Pyjamajacke, keine Hosen. Ein Kleid – 7 Monate hatte es Zeit, sich in ein

---

[62] Grete Salus. Niemand, nichts – ein Jude. S.65
[63] Michael Düsing. S.107

Nichts aufzulösen – mit zerfetztem Rücken nur gehalten durch die Ärmel. Dann aber Schuhe, richtige Schuhe. Die ersten, die ich bekam, waren Ballschuhe mit hohen Stöckeln, ich kam beim besten Willen nicht hinein, so zierlich waren sie. Ich meldete es, so wurden Riesenmännerschuhe mein Besitz. Es gab Prügel. Manche, die sich über zu große oder zu kleine Schuhe beklagten, hatten auf beiden Seiten ihres Gesichtes ganz deutlich Fingerabdrücke. Es hieß von uns, wir seien ein rebellischer Transport. Wir bekamen Mäntel, die halbwegs den ganzen Jammer verdeckten. Meine Freundin erhielt sogar einen schönen, schweren englischen Mantel, der uns noch gute Dienste leisten sollte. Wir hatten keine Judensterne aber auch keine Kopftücher. Wir baten sehr darum, bekamen aber keine. Als wir angekleidet draußen standen, siehe da, wir hatten in zehn Minuten die schönsten Kopftücher, das Futter aus den Mänteln herausgerissen und unsere kahlen Köpfe waren bedeckt."[64]

Um Fluchtversuche zu erschweren, wurden die Kleidungsstücke außerdem als Häftlingskleidung kenntlich gemacht. Grete Salus schreibt erklärend:

„Auf dem Mantel war ein großes KZ mit weißen Buchstaben aufgemalt. Am Kleid oder Overall ein Kreuz. Außerdem hatten wir Häftlingsnummern auf Arm und Brust."[65]

Neben den aufgenähten Flossenbürger Häftlingsnummern trugen die Frauen in Oederan wohl auch noch ein spezielles Abzeichen der DKK. Salomea H. erinnert:

„Zweimal am Tag wurde ein Zählappell veranstaltet. Er fand draußen vor unserer Wohnhalle statt. Wir trugen einen Knopf von der Fabrik als Abzeichen. An Namen von SS-Bewachungspersonal kann ich mich nicht erinnern. Ich würde sie auch nicht wiedererkennen. Ich habe mit niemand von ihnen gesprochen und mich nicht um sie gekümmert."[66]

---

[64] Grete Salus. Niemand, nichts – ein Jude. S.45f.
[65] Grete Salus. Niemand, nichts – ein Jude. S.65 [Fußnote]
[66] Barch B 162 / 25631 S. 109 VP Salomea H.

II.Verpflegung:

Die Verpflegungssituation in Oederan war sicherlich besser als in Auschwitz. Die täglichen Rationen entsprachen aber bestimmt nicht dem benötigten Kalorienbedarf für die zu leistenden Arbeiten. Lillian S. gibt zu Protokoll:

„Es gab auch eine Küche. Dort haben die beiden[67] einzigen Mütter gearbeitet, die sich in unserer Gruppe befanden. Die Nahrung war sehr schlecht. Es gab nur Wassersuppe und Brot. Am Sonntag gab es etwas extra, es war aber so unbedeutend, dass ich mich heute nicht einmal daran erinnern kann, was es war."[68]

Mina C. bestätigt:

„In dem Lager gab es sehr wenig zu essen, nur ein bisschen Wassersuppe."[69]

Auch Grete Salus, weiß vom Hunger der Häftlinge zu berichten:

„Am Abend fassten wir unsere Brotration für den ganzen folgenden Tag. Die meisten von uns aßen sie bereits am Abend, so dass wir mit leeren Mägen zur Arbeit ausrückten."[70]

Außerdem schildert sie ausführlich:

„Der Geist unseres Lagers war sicher kein schlechter – denn es kam zu keinen Gemeinschaftsdiebstählen und nie zu Denunziationen – aber dieser tägliche Existenzkampf jedes Einzelnen richtete sich gegen die weniger Befähigten und war oftmals grausam in seinen Auswirkungen. [...] Was bedeutete

---

[67] Diese Aussage ist nicht korrekt. Es gab in dem Transport aus Lodz mindestens sechs Mütter, die mit ihren Töchtern im Lager waren: FloNo.: 54531, 54535, 54570, 54573, 54582, 54586
[68] Barch B 162 / 25631 S. 114 VP Lillian S.
[69] Barch B 162 / 25631 S. 102 VP Mina C.
[70] Grete Salus. Niemand, nichts – ein Jude. S. 54

es, wenn die Brotration wieder einmal gekürzt wurde? Brot war etwas unvorstellbar Köstliches. Es wurde direkt ein Kult damit getrieben. Da gab es gesuchte Brotschneiderinnen, die das Brot in so hauchdünne Scheiben schnitten, dass man die Illusion hatte, einen ganzen Haufen vor sich zu haben und theoretisch die schönsten Einteilungen treffen konnte, bei der Verteilung gab es endlose Debatten, ob ein Endstück besser als ein Mittelstück sei. Dann verglich man, fand immer, dass man betrogen war. Es wurden die fantastischsten Waagen aus Pappdeckeln fabriziert und die Besitzerinnen wanderten dann von Zimmer zu Zimmer und fällten ihr Urteil. Meine Freundin setzte sich jeden Abend nach der Brotverteilung auf unser Bett, machte allerhand geheimnisvolle Vorbereitungen – das Kopftuch wurde als Tischtuch benutzt – sie zählte ihre Brotfragmente und murmelte vor sich hin: ,So, zweie esse ich jetzt, zweie zum Frühstück, zweie zur Arbeit'. 'Da werde ich wieder einen Hunger haben' konstatierte sie mit einem schweren Seufzer. ,Na, ich gehe ja bald schlafen da spür ich's nicht so', beruhigte sie sich selbst, aß mit zeitlupenartiger Langsamkeit ihre zwei Stückchen, legte fein säuberlich ihre Fetzen zusammen, hüllte sich in ihren englischen Mantel und schlief sofort ein. Jeden Abend wiederholte sich dasselbe und ich wartete voller Angst und Wut auf dieses stereotype Selbstgespräch. Da ich meist meine ganze Brotration auf einmal aß und auch nicht so schnell einschlafen konnte, wurde mir diese ihre strenge Methodik zu einem ständigen Vorwurf und ich mußte neidvoll ihre Überlegenheit anerkennen. Brot war eine gewisse Sicherheit und nahm ein bisschen von der Angst vor dem Verhungern. Brot war eine feste Insel in dem Wassersuppenmeer."[71]

Die in Oederan 14-jährige Helga Pollak-Kinsky berichtet:

„Die spärliche Brotration, die wir am Abend für den nächsten Tag erhielten, hab ich anfangs immer gleich verschlungen. Bis mir ein Mädchen, mit der ich die Pritsche teilte, riet, ich solle mir das doch einteilen. Sie bastelte mir aus einem Stück der

[71] Grete Salus. Niemand, nichts – ein Jude. S.59f.

Matratze, die aus Krepppapier war, eine Tasche, worin ich die Scheibe Brot für die Nachtschicht aufbewahrte. Sie nähte mir auch aus einem Stück meines Mantelfutters und meiner Pyjamajacke ein Kopftuch. Sie war wunderbar zu mir, wie eine ältere Schwester. Wenn ich sie nicht gehabt hätte! Ich habe oft daran gedacht mich bei ihr zu bedanken. Ich habe versucht ihren Namen ausfindig zu machen, aber es ist mir nicht gelungen. Ohne dieses Mädchen wäre ich in Oederan vollkommen verloren gewesen. Ich werde immer in großer Dankbarkeit an sie denken."[72]

Mit nahendem Kriegsende verschlechterte sich aber auch kontinuierlich die Verpflegungslage. Salus berichtet:

„Die letzten Monate lebten wir nur noch von Wassersuppen mit Steckrüben – Kartoffeln gab es keine mehr – und einem Stückchen Brot, das täglich kleiner und kleiner wurde. Wir wussten nicht, wovon wir eigentlich lebten und konnten uns nicht genug über diese Tatsache wundern und darüber philosophieren."[73]

Trotz des Hungerns verzichten einige Oederaner Häftlinge aber nicht auf ihr religiöses Fasten zu den jüdischen Feiertagen. Ähnliches wird auch vom Flossenbürger Außenlager in Zschopau berichtet[74]. In Oederan waren es hauptsächlich ungarische Jüdinnen, die ihr Heil in der Religion suchten:

„Ein Teil der Frauen – besonders die Ungarinnen – flüchteten in ihre Religiosität, sie waren zu beneiden. Es gab eine unter ihnen, eine richtige Fanatikerin, die auf ihre Umgebung einen großen Einfluß ausübte. Sie berührte kein Fleisch, sparte die ganze Woche die gefasste Margarine, um sie dann zum Großteil am Samstag an die Bedürftigen zu verteilen. Sie pflegte in ihrer Freizeit aufopferungsvoll die Kranken und war eine Zeitlang eingesetzt zur alleinigen Pflege der kleinen irren Ungarin.

---

[72] Helga Pollak-Kinsky. Mein Theresienstädter Tagebuch. S.250
[73] Grete Salus. Niemand, nichts – ein Jude. S.56
[74] Cziborra, Pascal. KZ Zschopau. Sprung in die Freiheit. S. 47f.

Als die jüdischen Feiertage kamen, gestaltete sie sie zu erhebenden Feiern. – Am Sederabend – man muß sich vorstellen, unter welchen Schwierigkeiten – sprach sie in einer derartigen Ekstase zu ihren Leuten, dass diese Menschen alle Erdenmühsal vergaßen. Sie fastete acht Tage, aß fast nichts, bis auf einige Steckrüben, und diesem Beispiel folgten ihre Jüngerinnen. Gegen Schluß der Feiertage war sie fast am Dahinschwinden, aber eine innere Kraft hielt diesen gebrechlichen Körper aufrecht, dass es wie ein Wunder wirkte."[75]

Andere Frauen flüchten sich in ihrer Freizeit in die Kunst. Eine junge polnische Jüdin spart dafür einen Teil ihrer Brotrationen auf, um sie dann als Modelliermasse zu verwenden. Grete Salus schreibt:

„Es gab verschiedene Typen unter den Frauen: Jola, eine 17jährige Polin, war von einer ergreifenden Schönheit. Wie ein Blume war ihr Köpfchen, goldenes Haar, große, eigenartig geschnittene, blaue Augen und überhaupt von einer herben Süße, die man kaum beschreiben kann [...] Sie modellierte aus Brot – das sie hart werden ließ – die interessantesten Masken, Ringe und Anhänger."[76]

Helga Pollak-Kinsky bestätigt:

„Katja Kohn – sie lebte zuvor auch im Mädchenheim L 410 – fand unter den polnischen Frauen eine neue Freundin, Jola, ein bildhübsches Mädchen. Sie war Künstlerin. Brotreste formte sie zu Masken und kleinen Figuren. Als die SS-Frauen die kleinen Miniaturen entdeckten, wollten sie auch welche haben, brachten Ton und Farben und Jola musste für sie kleine Figuren machen."[77]

---

[75] Grete Salus. Niemand, nichts – ein Jude. S.73
[76] Grete Salus. Niemand, nichts – ein Jude. S.73
[77] Helga Pollak-Kinsky. Mein Theresienstädter Tagebuch. S.250

FS1: Filzobjekte 1944/1945

Diese Filzobjekte (Anhänger?) entstanden 1944/1945 im Frauen-Konzentrationslager Oederan. Sie wurden aus dem Nachlass von Trude Baumann dem jüdischen Museum in Sydney übergeben. Es dürfte sich ebenfalls um eine kreative Freizeit-Produktion handeln, die in etlichen Motiven dem traditionellen erzgebirgischen Christbaumschmuck ähnelt.
(vgl. Tannenbaum und Kirche, (Lebkuchen-)Herz aber auch Spielsachen wie Lokomotive und LKW.)
Anderes sieht thematisch eher nach Schulanfang aus.

III.Einbindung in den Arbeitsprozess:

Die 501 zunächst nach Oederan überstellten Häftlinge kamen nach mehrwöchigen, grundsätzlich üblichen Quarantänezeiten in der Rüstungsproduktion der DKK zum Einsatz. Da die BBC-Öfen aber selbst bei Ankunft des dritten Transportes immer noch nicht betriebsbereit waren, konnten nicht sofort alle Häftlinge angelernt und beschäftigt werden. Dies spiegelt sich sehr deutlich in den Flossenbürger Forderungsnachweisen wider und ist sicherlich kein echtes Indiz für einen möglicherweise allgemein schlechten Gesundheitszustand der Frauen[78]. Eher können hier ausgeprägte Quarantänezeiten und die schrittweise Anlernung der Häftlinge, bestenfalls noch die Auswirkungen schlechter Organisation der Rüstungsindustrie abgelesen werden. Ab dem 26. September 1944, nach einer scheinbar zweiwöchigen Quarantäne, werden von den 100 KZ-Häftlingen im Schnitt ca. 70 Personen eingesetzt. Anfang Oktober sogar bis zu 90. Nach Ankunft der Frauen aus Lodz wird die Zahl von 130 bis 150 abgerecheneten Arbeitskräften bis Mitte November auf 220 bis 240 von 300 internierten Häftlingen gesteigert. Nachdem Ende Oktober der dritte Transport eingetroffen ist und auch hier wiederum die drei- bis vier-wöchige Quarantänezeit[79] verstrichen ist, verrichten ab Dezember 1944 nun auch bis zu 490 der 500 Häftlinge Zwangsarbeit in Oederan. Die Häftlinge arbeiteten zunächst nur im Werk K., den Räumen der ehemaligen Erwin Kabis GmbH, aber wurden spätestens ab November 1944 auch zum Außendienst für Räum- und Bauarbeiten im Werk S., der Leineweberei Salzmann, eingesetzt. Die Rüstungsarbeit erfolgte im wechselnden 12-stündigem Schichtdienst, der laut Sara Honigman von 7 bis 19 Uhr und von 19 bis 7 Uhr dauerte. Die Häftlinge wurden von deutschen Meistern und italienischen Kriegsgefangenen bzw. Zwangsarbeitern angelernt. Für jeden eingesetzten Häftling zahlte die DKK (Agricola GmbH) einen Hilfsarbeitertagessatz von 4 RM abzüglich einer Verpflegungskostenpauschale an die SS-Verwaltung des KZ Flossenbürg.

---

[78] vgl. Ulrich Fritz in: Der Ort des Terrors. S. 220
[79] siehe oben - vgl. Grete Salus. Niemand – nichts, ein Jude. S.47ff.

40

Ehemalige Häftlinge berichten:
Lillian S.:

„In Oederan habe ich in einer Munitionsfabrik gearbeitet. An den Namen dieser Fabrik kann ich mich nicht erinnern. Der mir vorgehaltene Name Deutsche Kühl- und Kraftwerke [sic!] ist mir nicht bekannt. In der Fabrik habe ich beim Herstellen von Kugeln gearbeitet, ich glaube, es waren Maschinengewehrkugeln. In der Fabrik gab es deutsche und italienische Vorarbeiter. Die meisten waren Italiener, jedenfalls haben wir meist mit den Italienern zusammengearbeitet. Es hieß, dass sie italienische Kriegsgefangene waren. Sie wohnten in einem Gebäude, das gleich neben unserem Wohngebäude lag. Wir waren dort oft zum Saubermachen. Zur Arbeit mussten wir jeden Tag marschieren. Wir haben in verschiedenen Schichten gearbeitet. Ich erinnere mich daran, dass ich auch einmal in der Nacht gearbeitet habe. Ich bin aber nicht sicher, ob wir die ganze Nacht durchgearbeitet haben."[80]

Mina C.:

„Zur Fabrik mussten wir laufen. Auch auf dem Weg wurden wir geschlagen, weil wir uns beeilen sollten. Die Fabrik war etwa eine halbe Meile[81] entfernt, ich kann nicht mehr sagen, wo wir langgegangen sind. Es war eine Munitionsfabrik. Ich habe Löcher in Kugeln gedrillt. Die Maschinen haben oft nicht funktioniert, wir mussten aber arbeiten, wir durften uns nicht hinsetzen. Wir durften auch mit niemanden sprechen. Wir wurden auch bei den Maschinen geschlagen.[...] Die Arbeit war sehr hart. Wir mussten teilweise Tagschicht und teilweise Nachtschicht arbeiten."[82]

Rose D.:

„Oederan lag in der Nähe von Leipzig. Wir haben dort in einer Munitionsfabrik gearbeitet. An den Namen der Fabrik kann

---

[80] Barch B 162 / 25631 S. 114 VP Lillian S.
[81] Wahrscheinlich Werk S. = Leineweberei Salzmann
[82] Barch B 162 / 25631 S. 101f. VP Mina C.

ich mich nicht mehr erinnern, um so etwas haben wir uns nicht gekümmert. Wir haben Gewehrkugeln hergestellt. Wir hatten Angst, dass wir erschossen würden, wenn wir das nicht richtig machten."[83]

Sara Honigman:

„In der Fabrik gab es einen zivilen Direktor. Bei unserer Ankunft fragte er: ‚Was soll ich denn mit diesen Kindern tun?' In der Folge besetzte er jeden Arbeitsplatz doppelt. Er war sehr freundlich. Arbeiten mussten wir in einer Zwölf-Stunden-Schicht von sieben bis 19 Uhr beziehungsweise nachts. Besonders die Nachtschicht war schrecklich. Die Fenster waren verdunkelt. Aber die Kriegsgefangenen halfen uns und verschafften uns zum Beispiel die Möglichkeit zum Sitzen."[84]

Hanna Engel:

„Das Arbeitslager in Oederan war ein Paradies, verglichen mit Auschwitz. Es gab eine Heizung, dennoch froren unsere Finger im Winter manchmal an den Maschinen fest."[85]

Dwora F.:

„Im KL Oederan mußte ich in der Munitionsfabrik an einer schweren Bohrmaschine arbeiten."[86]

Frieda B.:

„Wir wurden vom Ghetto Lodz zusammen über Auschwitz in das KL Oederan überstellt. Dort arbeitete die oben Genannte zusammen mit mir in der Munitionsfabrik im selben Saal [...]"[87]

---

[83] Barch B 162 / 25631 S. 111 VP Rose D.
[84] Düsing. S.106
[85] Düsing. S.114
[86] Barch, B 162 / 25631 S.58 – Auswertung von Entschädigungsakten
[87] Barch, B 162 / 25631 S.58 – Auswertung von Entschädigungsakten

Außenarbeit und Lagerdienste:

Grete Salus:

„Ich gehörte einer Gruppe für Außenarbeit an. Zuerst gruben wir einen Graben für eine Wasserleitung, bis tief in den Winter hinein. Dann wurde ich mit noch drei Kameradinnen einer Gruppe für Bauarbeit zugeteilt. Eine Leineweberei[88] wurde in eine Waffenfabrik umgewandelt. Die schwere Arbeit, wie Ziegel und Zementsäcke verladen, machten wir gemeinsam mit einigen Italienern. Wir vier Frauen waren Gehilfinnen bei dem Umbau eines Lagers für neue Häftlinge. Die Häftlinge[89] kamen nie, es wurden dann später deutsche Flüchtlinge und unsere ausgebombten Meister darin untergebracht. [...] Es war richtige Männerarbeit und unsere Hände waren wund vom ständigen Hantieren mit Ziegeln und Zement. Trotzdem hatten wir es besser als die Maschinenarbeiterinnen, da wir größere Bewegungsfreiheit hatten. [...] Wir im Außendienst wurden zu richtigen Gangstern. Die Aufseherinnen kannten wir recht gut in ihren verschiedensten Aufmachungen, so dass wir mit ihnen fertig wurden. Vor allem wenn wir sie beim Flirt wussten – das ist natürlich viel zu fein ausgedrückt – dann waren sie gut aufgehoben und wir konnten alles wagen. Das ging eine Zeitlang gut, bis zwei Affären, die viel Staub aufwirbelten, uns später unsere Streifzüge erschwerten. Einmal wurde eine von uns beim Rauchen erwischt, Resultat: stärkere Bewachung. In der zweiten Affäre spielte die Hose eines Italieners eine Rolle, die eines der Mädchen über Sonntag nach Hause nahm, um sie zu flicken. Als wir an unserer Oberaufseherin vorübergehen mussten, fiel ihr der kolossale Leibesumfang der Sünderin auf und – o Schreck – sie zog die Männerhose heraus. Die Kameradin leugnete natürlich alles, um den Italiener nicht hineinzuziehen. Sie bekam acht Tage Bunker ohne Essen und wurde aus dem Außendienst ausgeschlossen. Der Italiener blieb ohne Hose und wir stolperten jetzt Schritt und Tritt über Aufseherinnen und Werkpolizei. Aber wir fanden doch Mittel und Wege – oft mit einer Keckheit, die mir heute unverständlich ist – unsere

---

[88] Salzmann – Oederan Werk S.
[89] es waren weitere 870 Häftlinge angedacht

verschiedenen Geschäfte zu erledigen. So versorgten wir das Lager mit Handtüchern, Taschentüchern und Kopftüchern, die wir von den Arbeiterinnen der Leineweberei erhielten. Ein kleiner Teil der Fabrik – natürlich isoliert von uns – blieb Weberei. Wenn Menschen wirklich helfen wollten, so bestand auch die Möglichkeit dazu. Die Arbeiterinnen hatten teilweise Zivilcourage und versuchten immer wieder, etwas zuzustecken und uns unser Los zu erleichtern. Natürlich mussten vor allem wir immer auf dem Posten sein, wachsam vorsichtig und diplomatisch. Als es an Kohlen mangelte – die Aufseherinnenbaracken nicht mehr genug geheizt werden konnten – bekamen wir die inoffizielle Erlaubnis am Bahnhof Kohlen zu stehlen. Bei diesen Aktionen durften wir uns natürlich nicht erwischen lassen – dann wurden wir offiziell bestraft – trotzdem taten wir es sehr gerne, da es uns fast immer gelang, Steckrüben für unseren eigenen Bedarf beiseite zu schaffen. Die letzten Monate, als der Bau der Fabrik beendet war, die neuen Häftlinge nicht gekommen waren, wurde ein Teil des Außendienstes an die neuen Maschinen gestellt. Diese Maschinen arbeiteten aber nie richtig, da immer irgendwelche wichtigen Bestandteile fehlten. Wir aber mussten Arbeit vortäuschen und wenn Kontrolle kam, sehr geschäftig tun. Das war gar nicht so einfach und mußte gut durchdacht werden. Dieses spätere nach Arbeitjagen wurde zu einem richtigen Alpdruck, dem wir mit allen möglichen Tricks beizukommen suchten. Nie durfte die Oberaufseherin oder eine sonstige Kontrolle merken, dass wir nichts zu tun hatten, denn dies hätte uns dann gefährlich werden können. Wir hätten auch nicht mehr schwer arbeiten können, denn wir hungerten sehr und wurden immer schwächer und schwächer. Auch früher hatten wir Hunger. Manchmal, wenn ich so auf einem der Baugerüste stand, konnte mich gerade noch irgendein Arbeiter erwischen, sonst wäre ich herabgestürzt. Mit einem mit Zement gefüllten Eimer die Leiter heraufzuklettern, war bei Hunger-Schwindel keine einfache Sache. Die Arbeiter erlaubten nicht, dass wir mit zwei Kübeln heraufstiegen, aber nur, wenn keine Aufseherinnen in nächster Nähe waren."[90]

---

[90] Grete Salus. Niemand, nichts – ein Jude. S. 54ff.

Später übernimmt Grete Salus die Funktion einer Lagerleiterin:

> „Ich selbst war unterdessen Ordonnanz des Betriebsleiters und
> der leitenden Igenieure geworden, außerdem versah ich mit
> noch einer Kameradin den Dienst als Lagerleiterin. Ich hatte
> es eigentlich ganz gut auf diesem Posten, ließ er mir doch,
> obwohl mich Aufseherinnen überallhin begleiteten, eine
> gewisse Bewegungsfreiheit. Auch wenn ich gar nichts tat,
> hatte ich immer als Alibi den Kübel und Besen bei mir und
> konnte herumhorchen, was in den Büros telefoniert wurde.
> Der Betriebsleiter, wenn ich einen Augenblick mit ihm allein
> war, sprach sein Bedauern über unsere Situation aus, war aber
> jemand in der Nähe, gab er seine Befehle sehr barsch und
> kurzangebunden. Der leitende Ingenieur Jakob[91], ein Nazi
> ärgster Sorte, gab mir mit Begeisterung die erniedrigendsten
> Aufträge, war sehr befreundet mit der Oberaufseherin[92] und
> auch der Urheber unserer verschiedenen Strafarbeiten. Er war
> aber so unordentlich, dass er immer gegen seinen Willen
> etwas liegen ließ, wie Landkarten, Zeitungen und dergleichen,
> so dass ich meine Kenntnisse bereichern konnte."[93]

IV. Hygiene:

Die hygienischen Bedingungen in Oederan waren nicht die
schlechtesten, und stellten eine deutliche Verbesserung gegenüber Auschwitz dar. Mina C. gibt zu Protokoll:

> „Es gab in dem Lager Waschgelegenheiten. Wir mussten aber
> immer mit einer großen Gruppe von Frauen unter die Dusche
> gehen und wurden dabei sehr zur Eile angetrieben."[94]

---

[91] Person bislang nicht identifiziert
[92] Gertrud Weniger
[93] Grete Salus. Niemand, nichts – ein Jude. S.74f.
[94] Barch B 162 / 25631 S. 102 VP Mina C.

Außerdem berichtet Grete Salus:

> „Wirklich positiv – wenn auch sehr quälend – war der Sauberkeitsfanatismus der Oberaufseherin. Ständig wurden Fenster geputzt, Türen angemalt und wir selbst nach Läusen untersucht. Wir mussten sauber sein. Wie wir das zuwege brachten, ohne jedwede Hilfsmittel, das war natürlich schon nicht mehr ihre Sache. Aber wir wussten uns selbst zu helfen, stahlen kiloweise Soda in der Fabrik, ja , manche schleppten von dort kübelweise heißes Sodawasser ins Lager. So ein Kübel war begehrt. Es gab meist etwa zehn Anwärter darauf. Dieses, unser hartnäckiges Bestreben, sauber zu sein – so viel Plage es auch kostete – trug für unsere Gesundheit gute Früchte. Das enge Beieinanderhocken und der Schmutz gehörten zu den ärgsten Geiseln der Konzentrationslagern, da sie Epidemien begünstigten und viele Menschenleben kosteten."[95]

Für die Körperhygiene der Häftlinge wurde in Oederan aber nicht nur Sodawasser, sondern auch Kernseife, die eigentlich zur Spezialbehandlung der Geschosshülsen bestimmt war, aus den Produktionsmitteln abgezweigt. Grete Salus erinnert:

> „In einem der Nebenräume stand eine ungeöffnete Kiste, und ich zerbrach mir den Kopf, was darin sein könnte. [...] Diese Kiste enthielt die beste Kernseife zur Spezialbehandlung der Patronenhülsen. Einige Stücke kamen auch so zur Verwendung, das übrige wanderte allmählich in die Taschen der Herren Ingenieure. Ich wurde oft Zeuge, wie gegen diese Seife alle möglichen anderen Sachen, wie Tabak und Lebensmittel getauscht wurden. Die Kiste hätte eigentlich als Lagerbestand dem Lagerhalter übergeben werden müssen. Als ich die Seife von Tag zu Tag schwinden sah, bereitete es mir ein besonderes Vergnügen, mich an diesen Raubzügen zu beteiligen. Ich versorgte meine Freunde und mich reichlich mit dieser Kostbarkeit."[96]

---

[95] Grete Salus. Niemand, nichts – ein Jude. S.61
[96] Grete Salus. Niemand, nichts – ein Jude. S.75

V. Medizinische Versorgung:

Auch im KZ-Lager Oederan gab es, wie allgemein üblich, ein kleines Krankenrevier, das von Häftlingsärztinnen des Lagers geleitet wurde. Ein solches Krankenrevier verfügte in der Regel weder über die nötigen Medikamente noch über entsprechendes ärztliches Gerät, sodaß sich die Behandlungsmöglichkeiten im Wesentlichen auf Bettruhe beschränkten. Grete Salus berichtet über die personelle Besetzung des Oederaner Krankenreviers:

„Im Lager waren auch zwei Ärztinnen, eine russische und eine ungarische Ärztin. Die Letztere war, wie sich herausstellte, eine gute Bekannte meiner Freundin. Endlich ein Mensch, der Mut hatte, nicht zu allem schwieg und für uns Häftlinge an sanitären Maßnahmen erkämpfte, was möglich war. Leider sollten wir sie nicht lange behalten, da sie in ein anderes Lager versetzt wurde. An ihre Stelle kam eine zwar brave, aber sehr ängstliche und schwache Persönlichkeit. Die ungarische Ärztin kam eines Sonntagnachmittag[s] in unser Bett hereingekrochen. Sie hatte ganz verzweifelte Augen und bat uns, nicht böse zu sein, wenn sie jetzt zu uns spräche. „Ich muß zu jemanden sprechen, sonst werde ich wahnsinnig," waren ihre Worte. „Mit zwei Kindern und meinem Manne kam ich nach Auschwitz. Ein vierjähriges und ein zweijähriges Mädchen. Die Größere – ein besonderes, kluges und aufgewecktes Kind, hatte auf der Fahrt furchtbare Angst, klammerte sich die ganze Zeit an mich und fragte ständig: ,Mutti, Du wirst mich nicht allein lassen?' Mein Gott!', und hier brach sie ganz zusammen: „Mein Mutterinstinkt hat mich verlassen – ich ließ mein armes Kind allein in all diesem Grauen. Eine Mutter hat ihre Kinder allein in den Tod gehen lassen und das bin ich. Das Kleine hat es nicht so verstanden, aber dieses sensible Kind, was muß es gelitten haben. Als wir in Auschwitz ausgestiegen waren, bedeutete mir einer der Leute des Hilfspersonals, meine Kinder vorläufig einer alten Dame zu übergeben. Ich habe es getan, natürlich ohne die Bedeutung dieses Ratschlages zu ahnen. In diesem Wahnsinn wusste man doch überhaupt nicht, was man tat. Er wollte mir das Leben retten und ich, ich die Mutter, habe es getan, nichts hat mich gewarnt und ich habe meine Kinder im Stich gelassen. Und ich lebe. Kann ich denn so leben mit dieser Schuld? Sagt selbst, kann ich denn leben?" Wir trösteten sie natürlich, dass sie leben müsse, schon wegen ihres Mannes, den sie sicher wiedersehen würde. Immerfort sagte sie „mein Mutterinstinkt", bekam einen furchtbaren Weinkrampf und damit glaube ich, hatte sich viel gelöst, denn sie lebte. Wir trafen sie zufällig bei der Evakuierung und wirklich, wie wir es unbewusst prophezeit hatten, kehrte ihr Mann zurück und sie waren wieder beisammen."[97]

Bei der ungarischen Oederaner Ärztin, die in Auschwitz ihre beiden Töchter Erika[98] und Anita[99] verlor, handelt es sich um Gabriela Heller[100], die entgegen obiger Schilderungen auch ihren Mann Dr. György Heller[101] während des Holocaust verlor. Sie kam am 9. Oktober 1944 mit den jüdischen Frauen aus Lodz nach Oederan und wurde zunächst mit der Flossenbürger Häftlingsnummer 54588 registriert. Sie wird, wie Grete Salus glaubhaft[102] beschreibt, von Oederan nach Wilischthal in ein anderes KZ-Kommando der Deutschen Kühl- und Kraftmaschinen GmbH überstellt und für diesen Lagerstandort erneut unter der Flossenbürger Häftlingsnummer 58852, ihrer Nationalität entsprechend, als ungarische Jüdin registriert. Theoretisch könnte sie tatsächlich wie in den Lagerbüchern vermerkt am 30.10.1944 nach Wilischthal überstellt worden sein, sofern einundderselbe Auschwitzer Transportzug von Oederan nach

---

[97] Grete Salus. Niemand, nichts – ein Jude. S.59
[98] Erika Heller 20.07.1940 Budapest – 10.07.1944 Auschwitz
[99] Anita Heller 31.10.1942 Budapest – 10.07.1944 Auschwitz
[100] *21.05.1912 Klausenburg [Cluj] FloNo.:54588 & 58852
[101] Dr. György Heller *14.10.1911 Ujpest
Gabriela Heller übergab am 6. November 1988 in Jerusalem für ihre beiden Töchter und für ihren Mann Gedenkblätter an die zentrale Gedenkstätte Yad Vashem. Der Todeszeitpunkt ihres Mannes war ihr nicht genau bekannt. Sie schreibt: „Auschwitz 1944?". Demnach liegt hier Grete Salus falsch. Es hat wohl keine glückliche Wiedervereinigung der beiden nach dem Krieg gegeben. Gabriela Heller gibt 1988 eine Adresse in Budapest an. Sie kehrte daher wohl nach dem Krieg dahin zurück und war wahrscheinlich nur zu Besuch in Jerusalem.
[102] vgl. Kapitel über Fehlerhafte Literatur und die Evakuierung

Wilischthal gelangt ist. Dies scheint laut Dokumentenlage nicht ganz unwahrscheinlich, da mit diesem Datum im Nummernbuch sowohl der dritte Transport von 200 Frauen nach Oederan, sowie der erste Transport nach Wilischthal geführt werden. In diesem Fall hätte Grete Salus aber keine Chance gehabt, das geschilderte Gespräch mit Gabriele Heller zu führen und ihre Verdienste für die Oederaner Lagerbedingungen zu bewerten. Da diese eine gute Bekannte ihrer Freundin war, könnte ihre Geschichte oder ein späteres Gespräch nach der Befreiung zwar auch nachträglich in die Oederaner Lagerzeit hineinkonstruiert worden sein, davon ist aber erst einmal nicht auszugehen, da sich die sonstigen Schilderungen der Grete Salus bis in die Details[103] hinein als sehr zuverlässig erwiesen. Es ist daher möglich, dass die Überstellung der Gabriela Heller von Oederan nach Wilischthal zu einem späteren Zeitpunkt erfolgte und diese Einzelüberstellung zwischen den beiden Lagern der DKK nicht gesondert an die Verwaltung des KZ Flossenbürg gemeldet worden ist. Der genaue Zeitpunkt der Ankunft in Wilischthal wäre daher noch zu rekonstruieren.
Bei der von Salus genannten russischen Ärztin handelt es sich um Zinaida Makarowa[104], die als 101. Häftling mit dem ersten Transport ins Lager Oederan gelangte. Die dritte Person, die schließlich die Position Gabriele Hellers in Oederan übernahm, dürfte wahrscheinlich Dr. Eugenie Váll gewesen sein. Die genannten Häftlingsärztinnen hatten in Oederan nicht nur akute Verletzungen und Infektionskrankheiten, sondern auch psychische Erkrankungen zu behandeln. Grete Salus erinnert:

„'Der Führer hat Geburtstag' noch immer höre ich diesen herzzerreißenden, monotonen Sang einer Kameradin -. Als sie ins Lager kam, war sie noch ein kugelrundes Bauernmädel mit knallroten Backen. Später war sie dann eine von denen, die am meisten Hunger litt. Ihr einfacher Verstand wurde mit alldem nicht fertig und stand dem Ganzen fassungslos gegenüber. [...] Die Brotration sollte schon wieder einmal

---

[103] ausgenommen das bekundete Überleben Dr. György Hellers
[104] FloNo.: 59330 24.10.1905 Worosilovsk

gekürzt werden und dies versetzte uns alle in die größte Unruhe. Das Gehirn unserer kleinen Margot konnte diesem Druck nicht mehr standhalten. Es begann damit, dass sie uns ständig fragte: „Ist es auch wahr?" Am Abend lag sie ganz apathisch, wie in einer Ohnmacht. Dann fing sie an zu toben, so dass wir sie ins Krankenzimmer, das dicht neben unserer Ubikation lag, schaffen mussten. Tag und Nacht schrie sie: „Der Führer hat Geburtstag" Dann sang sie die holländische Hymne und flüsterte entsetzt: „Die Oberaufseherin kommt". Es schallte nur so durch das ganze Haus und erregte natürlich Aufsehen. Es gelang aber, den eigentlichen Zustand zu verheimlichen und ihn mit hohem Fieber zu bezeichnen. Andernfalls wäre sie sicher weggeschafft worden. Später gingen die Tobsuchtsanfälle in ein schreckliches Verstummen über. Sie erlebte aber trotzdem die Freiheit, ob sie gesund wurde, ist mir unbekannt."[105]

Bei dem beschriebenen jungen, holländischen Mädchen handelt es sich wahrscheinlich um Margot Menkel[106]. Sie wird auch von Chanita Moses, die ebenfalls über Westerbork deportiert wurde, erinnert, soll laut ihr aber in Oederan verstorben sein. Dies muss verneint werden. Margot Menkel, später Opdenburg-Mandel, wurde in Theresienstadt befreit und reichte später einen Bericht beim United States Holocaust Memorial Museum ein. Auch über einen zweiten, ähnlichen Fall weiß Salus zu berichten:

„Eine 14jährige Ungarin war wie die kleine Margot hinein-geflüchtet in das Vergessen. Als die Oberaufseherin aufs Krankenzimmer kam, schaute sie das Kind ganz verklärt an und sagte: „Du bist soo schön". Von diesem Augenblick an besuchte sie die Oberaufseherin fast jeden Tag, ließ ihr Essen aus der Aufseherinnenküche bringen und stellte zu ihrer alleinigen Bewachung und Pflege eines unserer Mädchen ein. Später, als die Kleine aufstehen konnte, wurden für sie die besten Kleider herausgesucht und sie wurde wie eine Puppe gekleidet. Das wurde der Oberaufseherin mit der Zeit natürlich langweilig und später kümmerte sie sich auch gar

---

[105] Grete Salus. Niemand, nichts – ein Jude. S.57ff.
[106] FloNo.: 59335 *15.04.1922 – anderfalls Margit Goldberg *01.10.1924

nicht mehr um sie. Ich selbst wurde auch krank in dieser Zeit, bekam hohes Fieber, mußte aber nach einigen Tagen das Krankenzimmer verlassen und blieb von da an sehr schwach. Überhaupt füllte sich das Krankenrevier beängstigend. Kranke wurden nur bei 39° Fieber aufgenommen. Es kamen die gefürchteten Kontrollen. Die Oberaufseherin spielte dabei selbst Ärztin, zog sich einen weißen Kittel an, fragte eine jede, was ihr fehlte. ‚Nierenentzündung.‘ ‚Das habe ich auch‘, war ihre Antwort, verabreichte eine Ohrfeige und warf die Kranke hinaus. Das war ein Spaß und ein hübsches geistreiches Spiel. Wir überlebten es trotzdem.“[107]

Wahrscheinlich sind es auch diese Schikanen, die die Häftlinge davor zurückschrecken lassen, sich krankzumelden und trotz ernsthafter Erkrankungen keine ärztliche Hilfe in Anspruch zu nehmen. Mina C. kommt daher für sich zu der falschen Erkenntnis, dass es in Oederan kein Krankenrevier gegeben habe. Sie gibt zu Protokoll:

„Ich kann mich nicht erinnern, dass es in diesem Lager ein Krankenrevier gab. Ich bin sicher, dass es keines gab, sonst wäre meine Schwester[108] dort gelegen. In meinem Raum schlief unter mir auch ein Mädchen, das einen Blutsturz bekam. Für sie wurde nichts getan. Sie wurde in ihrem Zustand mit auf den Zug genommen. In Theresienstadt kam sie dann nach der Befreiung ins Hospital. [...] Auch sonst kam es vor, dass kranke Häftlinge abgeholt wurden. Ich kann nicht sagen, was mit ihnen geschehen ist. Sie kamen nicht mehr wieder. Sie wurden aus der Stube von den Aufseherinnen herausgeholt. Was dann hinter der Tür geschah, weiß ich nicht. Wir waren zwar alle krank. Das ging aber gut, so lange man noch an der Maschine arbeiten konnte.“[109]

Die zuletzt erwähnten kranken Häftlinge kamen wahrscheinlich ins Oederaner Krankenrevier. Salomea H. sagt aus:

---

[107] Grete Salus. Niemand, nichts – ein Jude. S.60f.

[108] Jean D. – Sie hatte Gallensteine und kann ein Krankenrevier bestätigen.

[109] Barch B 162 / 25631 S. 102f. VP Mina C.

„Ich glaube, es gab in dem Lager ärztliche Hilfe. Ich habe sie aber nie in Anspruch genommen. Mir ist nichts davon bekannt, dass aus dem Lager etwa Kranke oder arbeitsunfähige Häftlinge weggeschickt worden wären."[110]

Dass die Häftlinge in der Regel Krankmeldungen vermieden, dafür sprechen auch die folgenden zwei Aussagen. Rose D.:

„Von uns ist niemand krank gewesen, das heißt, niemand hat gesagt, dass er krank war. Wir hatten nämlich Angst, dass wir sonst erschossen würden."[111]

Dass diese verständlichen Häftlingsängste in Oederan aber weitestgehend unberechtigt waren, zeigen auch die Ausführungen der Lillian S.:

„Es gab auch ein Revier, das war ein Raum in dem Gebäude, der für Kranke abgeteilt war. Ich bin dort nie gewesen. Ich weiß nicht, wer sich um die Kranken gekümmert hat. [...] Meine Freundin hat [einmal] in der Nacht starke Zahnschmerzen bekommen. Eine der Aufseherinnen hat sie in der Nacht zum Zahnarzt genommen. Ich weiß nicht, ob das mit der Erlaubnis der Oberaufseherin geschah. Ich möchte dazu erklären, dass wir Angst hatten, zu sagen, wenn es uns körperlich schlecht ging. Wir befürchteten nämlich, dass dies unser Ende bedeuten würde. Wir haben daher im allgemeinen nicht geklagt. Dieses Mädchen hatte so starke Zahnschmerzen, dass sie es sagte. Die Aufseherin, die nachts in unserem Raum war, kam nämlich herüber um nachzusehen, was los war. Wir dachten alle, das Mädchen würde jetzt umgebracht werden. Überraschenderweise kam sie aber wieder, nachdem ihr ein Zahn gezogen war."[112]

---

[110] Barch B 162 / 25631 S. 109 VP Salomea H.
[111] Barch B 162 / 25631 S. 112 VP Rose D.
[112] Barch B 162 / 25631 S. 115 VP Lillian S.

i) November 1944: Probleme mit den BBC-Widerstandsöfen

Obwohl nun mittlerweile schon der dritte Häftlingstransport in Oederan eingetroffen war, waren die für die DKK-Produktion bestimmten Durchgangsöfen der Firma Brown, Boveri & Cie AG Mannheim [BBC] immer noch nicht einsatzbereit. Um endlich die Lieferansprüche durchzusetzen wendet sich Direktor Werner Kratsch am 1. November 1944 mit einem geheimen Einschreiben an die geheime Staatspolizei, Dienststelle (10) Chemnitz Kassenbergstraße 22a. Darin schildert er nochmals die Bedeutung seiner Firma für die deutsche Rüstungsindustrie und den gesamten Fall der wechselseitigen Beziehungen zur Firma BBC und deren Lieferengpässe. Kratsch formuliert:

„Wir unterhalten in der früheren Nähfadenfabrik Erwin Kabis G.m.b.H. Oederan (Sa.) einen Zweigbetrieb für die Herstellung von 2-cm-L'spr.-Granaten. Dieser Betrieb ist von Freiberg Anfang des Jahres dorthin verlagert worden und hatte gleichzeitig die bisherige mechanische Fertigung auszuweiten auf die Selbstherstellung des bisher von fremder Seite bezogenen Ausgangsmateriales, der 2-cm-Preßlinge. Die Kammlinie dieser Fertigung bei Auslastung der Maschinen ist auf 600.000 Stück pro Monat festgelegt. Die mechanische Bearbeitung soll sich erstrecken auf die Verarbeitung dieser 600.000 Preßlinge zusätzlich 200.000 Granaten aus von fremder Seite zu beziehendem Stangenmaterial und 200.000 Stück aus von fremder Seite weiterhin zu beziehenden Preßlingen, insgesamt also rd. 1.000.000.
Für die Aufnahme der Eigenfabrikation von 600.000 Preßlingen monatlich standen sämtliche Maschinen im März d.J. zur Verfügung, bis auf zwei von der Firma BBC. in Dortmund zu liefernde Durchgangsöfen mit Schutzgasanlage, Type GS 100. Diese Öfen sind vom OKH. Wa Chef Ing 7/VI Wittenberg durch eine Sammelbestellung gleichzeitig für andere Firmen mit in Auftrag gegeben worden im Herbst 1942. Die Zuweisung des OKH. zu uns bei der Firma BBC. erfolgte Anfang 1943 lt. einer Besprechung beim OKH am 26. Januar 1943, mit einer damals vom OKH. genannten Lieferzeit von 5 bis 6 Monaten, so dass also die Lieferung bis Juli 1943 hätte

erfolgen müssen. Die Lieferung dieser Öfen ist bis heute nicht erfolgt. Die Einzelheiten über den Verlauf dieser Bestellung bitten wir aus der Anlage zu entnehmen, die Gegenstand eines Berichtes war, den unser Mitarbeiter, Herr Ahnert, über den Sicherheitsdienst Außenstelle Flöha Ende September eingereicht hat. Zusammenfassend stellen wir fest: BBC. hat Anfang 1944, also mit einer Verspätung von rd. einem Jahr, 2 Gehäuse für solche Öfen geliefert, jedoch ohne die für einen Betrieb erforderlichen Heizkörper als wesentliches Bestandteil eines Ofens und ohne Schalteinrichtung. Für die Lieferung der Heizkörper behauptet BBC. keine Materialzuteilung von dem Leiter des Sonderringes Widerstandsöfen, Dr. Simon, AEG., Berlin Friedrich-Karl-Ufer 2-4, erhalten zu haben. Dieser wiederum hat wiederholt die gegenteilige Behauptung aufgestellt. Aus einer Mitteilung von BBC. muß auch gefolgert werden, dass die uns fehlenden Fertigungseinrichtungen bei der Firma BBC. in der Fertigungsstätte Dortmund fertiggestellt sind, die Absendung aber scheinbar zurückgestellt wird, weil die formale Angelegenheit der Metallscheine nicht erledigt ist.

Wir sprechen hier den Verdacht aus, dass BBC. sich den Pflichten einer kriegsverbundenen Wirtschaft nicht bewusst ist. Durch Lokaltermin müsste in der Fertigungsstätte Dortmund geklärt werden, inwieweit das Restmaterial für die seit August in Oederan stehenden Gehäuse bereits vorhanden ist bzw. die Materialien für die sofortige Herstellung im Hause sind. BBC. hat Dr. Simon die Lieferung dieses Materiales aus einem anderen Auftrag für August 1944 zugesagt.

Der Arbeitsausschuß Widerstandsöfen, Dr. Simon, hat nach unserer Auffassung seine Pflicht insofern verletzt, als er den dauernden ausweichenden und sich widersprechenden Antworten der Firma BBC. nicht mit entsprechender Energie gegenübergetreten ist und sich nicht schon selbst durch einen Lokaltermin von der wahren Sachlage überzeugt hat.

Nachdem die Lieferung der Zubehörteile im August nicht erfolgt ist, wurde von uns erneut der Arbeitsausschuß Widerstandsöfen eingeschaltet, und wir erhielten die Nachricht, dass die Anlieferung so erfolgt, dass die Öfen Ende September in unserem Werk Oederan mit Sicherheit in Betrieb genommen werden könnten. Nachdem auch dieser Termin verstrichen ist, haben wir erneut Beschwerde geführt bei Herrn Dr. Simon und beim OKH. Der Erfolg unserer Beschwerde sind die beiliegenden Briefabschriften, die uns die Gewissheit geben, dass durch die energielose Behandlung der ganzen Angelegenheit auch in absehbarer Zeit mit einer Anlieferung der fehlenden Teile nicht gerechnet werden kann.

Auswirkung:

Durch diese nachlässige Erledigung der Angelegenheit fehlen der Wehrmacht – Luftwaffe – seit Monaten monatlich 600.000 Geschosse aus dem bekannten Programm 88 für Hochlauf-Flakmunition. Die Maschinen und Arbeitskräfte sowie die sonstigen Voraussetzungen hierfür sind seit Monaten erfüllt. Unser Betrieb ist jetzt teilweise durch Material beschäftigt, das anderen Fertigungsfirmen genommen wird, um unseren Betrieb nicht völlig stilllegen zu müssen. Unverbindlich können wir noch mitteilen, dass wir gehört haben, dass gleiche Verhältnisse sich auch bei anderen Firmen derselben Munitionsfertigung abspielen, ebenfalls wegen der fehlenden BBC-Öfen, die also gleichfalls nicht zur vollen Ausnutzung ihrer Kapazität gelangen können."[113]

Dieses Schreiben beweist, dass es die fehlenden Heizkörper und Schalteinrichtungen der BBC-Widerstandsöfen, sowie der Mangel an anderweitig zu beschaffender Rohlinge für die Weiterverarbeitung waren, die einer Vollauslastung des Betriebes und der extra dafür angeforderten KZ-Häftlinge maßgeblich entgegenstanden. Da überzählige Arbeitskräfte zu diesem Zeitpunkt des Krieges ständig wieder abgezogen wurden, versuchte man auch bei der DKK in Oederan die zugewiesenen Häftlinge mit allen Mitteln zu beschäftigen, um sie und die Höhe der eigenen Belegschaft halten zu können. Der Zwangsarbeiter- und Häftlingseinsatz war 1944 für den Auto Union Konzern, zu dem die DKK gehörte, zu einer unverzichtbaren Säule der Produktion geworden.

---

[113] Chemnitzer Staatsarchiv AU Schreiben 1. November 1944
Gezeichnet von Direktor Werner Kratsch und Max Skudlarek

So wird im Gefolgschaftsbestand der Auto Union AG einschl. Filialen per 20.11.1944 eine Gesamtbelegschaft von 35904 Personen geführt, davon 5334 Gehaltsempfänger und 30570 Lohnempfänger. Die Lohnempfänger werden in 18281 Inländer, davon 6466 Frauen und 10230 Ausländer[114], davon 1892 Frauen[115], aufgeschlüsselt. Den Lohnempfängern hinzugerechnet werden 439 Kriegsgefangene und 1620 KZ-Häftlinge. Damit waren 12289 von 30570 Lohnempfängern im weiteren Sinne ausländische Zwangsarbeiter und Häftlinge. Sie machten damit etwa 40% der Lohnempfänger und immerhin 34%, also mehr als ein Drittel der Gesamtbelegschaft aus.[116] Laut einer anderen Tabelle mit der Überschrift „Stand der Belegschaft an Lohnempfängern (ohne Lehrlinge) - Stichtag 20.[117] November 1944" werden dem Standort Oederan (Agricola) 69 ausländische Zivilarbeiter[118], 58 männliche und 11 weibliche, sowie 498 weibliche KZ-Häftlinge, davon 322 dem Werk K und 176 dem Werk S zugeschrieben.[119] Damit wurde auch spätestens im November 1944 mit den Vorbereitungen und Umbauarbeiten zur Errichtung eines weiteren KZ-Kommandos in Oederan bei der Leineweberei Salzmann [Werk S] begonnen. Laut Dr. Hans Brenner wurde auf einer Direktionssitzung der Agricola GmbH am 14. November 1944 über die Unterbringung weiterer 870 angeforderter Häftlinge beraten.

„550 von ihnen sollten in der ersten Etage der Leineweberei Salzmann (Werk S), weitere 320 in einer vierteiligen Wohnbaracke unterkommen. Zudem waren dort 55 KZ-Häftlinge, die für den Werkzeugbau der „Agricola GmbH" im Werk K (Nähfadenfabrik Kabis) von der SS angefordert worden waren, unterzubringen. Bewachungskräfte sollte das KZ Flossenbürg stellen. Vorgesehen waren ein Kommandoführer, 25 Wachposten und zehn Aufseherinnen, anzuwerben von der

---

[114] 8338 Männer davon 1319 Ostarbeiter
[115] Davon 1253 Ostarbeiterinnen
[116] Statistik vom 07.12.1944 per 20.11.1944 – StAC AU 2725
[117] Erste Zahl des Datums unleserlich – auch 30. November möglich
[118] aus Italien und Kroatien [dies ist anderen Aufstellungen zu entnehmen]
[119] Sächsisches Staatsarchiv Chemnitz - StAC AU 3370

„Agricola GmbH" in Oederan und Umgebung. Die Frauen sollten durch das Arbeitsamt Flöha dienstverpflichtet und für den Schulungskurs für Aufseherinnen in Flossenbürg angemeldet werden."[120]

Mit den entsprechenden Arbeiten wird wohl unverzüglich begonnen. Zu dem erweiterten Häftlingseinsatz kommt es später aber nicht mehr. Stattdessen werden Flüchtlinge und ausgebombte Belegschaftsmitglieder in den vorbereiteten Räumen untergebracht. [121]

j) November 1944: Der Fall Heilmann

Ende November 1944 wurde laut Ulrich Fritz, wissenschaftlicher Mitarbeiter der Gedenkstätte Flossenbürg, außerdem ein deutscher als „asozial" registrierter Häftling aus dem Außenlager Neu Rohlau nach Oederan überstellt.[122] Dabei handelte es sich um Ursula Heilmann[123], die am 19. Juli 1944 in einem Transport von 180 Frauen aus dem Konzentrationslager Ravensbrück nach Helmbrechts, einem in Bayern gelegenen, späteren Flossenbürger Außenlager, überstellt worden war, welches dann am 01.09.1944 von Ravensbrück durch die Kommandantur Flossenbürg übernommen wurde. Wann, wie und warum Ursula Heilmann nach Neu Rohlau gelangte, oder ob dieses Lager lediglich eine Zwischenstation auf dem Weg nach Oederan war, konnte bislang noch nicht festgestellt werden. Laut Grete Salus wurde Ursula Heilmann aber nicht, wie Ulrich Fritz vermutet, als Funktionshäftling, sondern im Rahmen einer Strafmaßnahme nach Oederan gebracht. Über sie soll die *jüdische Haft* verhängt worden sein. Grete Salus erinnert:

---

[120] Hans Brenner in Düsing S.34 – indirekt zitiert nach StAC AU 3896
Niederschrift der Direktionsbesprechung der „Agricola GmbH" in Oederan
Vom 14. November 1944 Bl. 5
[121] Vgl. Grete Salus. Niemand, nichts – ein Jude. S.54 (siehe Außendienst)
[122] In: Der Ort des Terrors. Band 4. S.221 – laut CEGES Brüssel
[123] FloNo.:50282 *23.06.1922 Hannover – befreit in Theresienstadt [TDB]

„Wir hatten einen deutscharischen Häftling unter uns. Eines Morgens war sie da, halb totgeprügelt, mit den schrecklichsten Wunden am ganzen Körper. Sie war des intimen Verkehrs mit einem Gefangenen angeklagt, und als härteste Strafe wurde die jüdische Haft über sie verhängt. Im Anfang waren wir sehr misstrauisch, mussten aber allmählich sehen, dass sie wirklich ganz harmlos und ungefährlich war. Vor Weihnachten war sie sehr unglücklich und niedergeschlagen, so dass wir ihr, um sie ein wenig aufzurichten, ein richtiges Weihnachtsfest arrangierten.“[124]

Auch Helga Pollak-Kinsky kann von ihr berichten:

„Eines Tages wurde bei uns eine „Politische“ eingewiesen, eine junge Deutsche namens Uschi Heilmann. Sie war wegen Rassenschande mit einem Russen dazu verurteilt worden, unter uns „jüdischen Untermenschen“ zu sein. Sie hatte wahnsinnig Angst vor uns. Sie dachte wahrscheinlich, dass wir Hörner haben müssten. Im Waschraum sahen wir ihren Rücken – er sah schrecklich aus, voller roter, blutunterlaufener Striemen. Bald verlor Uschi ihre Angst vor uns und mit einigen von uns schloss sie Freundschaft, die den Krieg überdauerte.“ [125]

Neben den arrangierten Weihnachtsfeierlichkeiten soll es später in Oederan auch zu einem kulturellen Abend gekommen sein.

„Es muss gegen Ende unserer Zeit in Öderan [sic!] gewesen sein, als sich Kamilla Rosenbaum, von Beruf Choreographin und Tänzerin, mit einigen zusammentat, um einen künstlerischen Abend zu gestalten. Er fand im Speisesaal statt, im Beisein der SS-Frauen. Ich erinnere mich an Ruth Heymann, eine wunderbare Kabaretistin aus Berlin, die uns mit gewagten politischen Witzen und Sketchen zum Lachen brachte [...]“[126]

---

[124] Grete Salus. Niemand, nichts – ein Jude. S.74
[125] Helga Pollak-Kinsky. Mein Theresienstädter Tagebuch. S.250
[126] Helga Pollak-Kinsky. Mein Theresienstädter Tagebuch. S.251

k) Dezember 1944: Die neue Oberaufseherin

Auch im Dezember werden die Einrichtungsarbeiten im Werk S vorangetrieben. Laut einer statistischen Aufstellung erhöhte sich der Lohnempfängerbestand in Oederan vom 20.11.1944 bis zum 20.12.1944 um 5 Arbeitskräfte. Vier männliche und 3 weibliche Inländer kamen hinzu, während 2 weibliche Inländer abgezogen wurden. Dort heißt es auch:

„Der Bestand vom 20.12.44 mit 859 Lohnempfängern verteilt sich wie folgt:

Werk K 683 Arbeitskräfte
Werk S 176 Arbeitskräfte"[127]

Dieser Lohnempfängerbestand besteht größtenteils aus Zwangsarbeitern und KZ-Häftlingen. Im Einzelnen waren dies 56 Italiener und 2 männliche und 9 weibliche Kroaten, sowie 498 KZ-Häftlinge. Es heißt abschließend:

„Beide Werke haben für den Monat Januar keinen Bedarf angemeldet. Rotzettel liegen ebenfalls keine vor.
Die bisher im Werk S. eingesetzten 176 Menschen sind ausschließlich mit Bau- und Einrichtungsarbeiten beschäftigt und aus dem Bestand des Betriebes K. übernommen."[128]

Im Werk S kommen zu diesem Zeitpunkt also ausschließlich 176 jüdische KZ-Häftlinge zum Einsatz. Die anderen 322 Frauen und Mädchen arbeiten mit den Italienern und den Kroaten/Kroatinnen im Werk K. Laut Forderungsnachweis Nr. Flo.804 vom 1. Januar 1945 werden für den Häftlingseinsatz im Dezember 1944 36.015,15 Reichsmark zum 20. Januar an die Verwaltung des KL. Flossenbürg fällig. Dabei werden 11595 Hilfsarbeitertagessätze von 4 Reichsmark abzüglich 9269 Häftlingsverpflegungen a 0,65 und 6200 a 0,70 RM berechnet.[129]

---

[127] StAC AU 2036. Menscheneinsatz Protokoll vom 20. Januar 1945
[128] StAC AU 2036. Menscheneinsatz Protokoll vom 20. Januar 1945
[129] Barch. Abtlg. Potsdam, Film 4053, Nr.2.758.675

Spätestens Ende Dezember soll auch die neue Oberaufseherin Gertrud Weniger, die bisherige Funktionärin Dora Lange abgelöst haben. Gertrud Weniger ist im Schriftverkehr des Lagers zum ersten Mal explizit am 27. Dezember nachzuweisen, dürfte aber schon eher eingetroffen sein. Grete Salus erinnert:

„Wir bekamen eine Oberaufseherin zugeteilt, eine Oberaufseherin mit einer für uns beängstigenden Vergangenheit. Zuerst war sie Aufseherin in Auschwitz und zu uns kam sie aus einem Konzentrationslager in Holland. Von dort mußte sie vor den anrückenden Alliierten flüchten. Sie hatte einen Streifen am Ärmel – bei uns bekam sie den zweiten – also SS-Offizier und gut geschult. Jetzt kam in das Ganze ein anderer Zug. Alles wurde von Grund auf umorganisiert. Vor allem mussten alle arbeiten. War keine Arbeit da, so wurde sie eben aus dem Boden gestampft. Außerdem arbeitet die Fabrik bereits voll – natürlich Augenauswischerei – wenn kein Material vorhanden war, mussten die Arbeiterinnen stehen. Auch wenn nichts zu tun war, sie mussten stehen, sitzen war strengstens verboten. Im Anfang gab es noch einiges Material, aber da die Maschinen ständig Defekte hatten, wurde sehr wenig produziert.
Frau Oberaufseherin hatte für ihre eigene Person einen ganzen Stab von Häftlingen, die nur für sie arbeiteten. Das war eigentlich verboten, da das KZ für jeden arbeitenden Häftling einen großen Betrag von den verschiedenen Betrieben ausgezahlt bekam. Wir waren sehr teuere Arbeitskräfte, wie uns die verschiedenen Meister erzählten. [...]
Frau Oberaufseherin war Alleinherrscherin in ihrem Reich. So hatte sie eine Zofe, vier Schneiderinnen, vier Strickerinnen und eine ganze Gruppe Strohflechterinnen zu ihrer eigenen Verfügung. Natürlich nur das Beste vom Besten, denn Frau Oberaufseherin war eine Frau von Geschmack und wusste, was gut und teuer war. Die Strohflechterinnen vollbrachten wahre Kunstwerke, fast ohne jedes Handwerkszeug arbeiteten sie die apartesten Schuhe und Teppiche. Aus den Lagerbeständen der Häftlinge wurden die besten Pullover und Westen herausgesucht, aufgetrennt und von unseren Fachleuten zu den schönsten Sachen verarbeitet. Damit beschenkte die Dame ihre ganze SS-Verwandtschaften und –Bekanntschaften. Wenn sie,

zu einem Rendezvous gehend, an uns vorüberrauschte, hielten wir den Atem an vor neidvoller Bewunderung. Die Arbeiterinnen selbst waren die geplagtesten Wesen. Für jede Arbeit wurde eine Frist angesetzt und dass diese nicht zu lange bemessen war, das bewiesen die zitternden Hände unserer Schneiderinnen.[...] Die Zofe – das ist wieder so ein Kapitel menschlicher Unzulänglichkeit. Ihre Hände zauberten die wunderbarsten Frisuren auf dieses so liebe Haupt. Sie fuhr dabei nicht allzu schlecht, denn wir hatten den Eindruck eines fast freundschaftlichen Verhältnisses. Ebenso wurde eine Schreiberin ernannt. Auch ein gehetztes Wesen. Vor allem gehetzt durch ihre eigenen Nerven, durch ihre eigene Feigheit und durch die Sorgen um ihr eigenes Wohlergehen. Sie verdient kein Mitleid, denn sie machte trotz der Möglichkeit, uns durch ihr Wissen zu helfen, wenig Gebrauch von diesem Vorrecht. Mit der Ankunft der Oberaufseherin wurde endlich ein verzweifelter Häftling, - die in Auschwitz eingereihte Blockälteste – zur Lagerältesten [vgl. Edith Weiss] erhoben. Und dies auf Grund einer alten Bekanntschaft aus der gemeinsamen Auschwitzer Vergangenheit. Oh, diese Seligkeit – endlich wieder im richtigen Fahrwasser und auf gebührendem Posten. Aus der verweinten, sich nach Auschwitz zurücksehnenden, wurde von Tag zu Tag eine gewichtigere Persönlichkeit. Ihre Information über die Ober-Aufseherin lautete nach ihrer Erfahrung: „Nicht die Schlechteste, aber sie schlägt" Bis jetzt – zur Ehre der Aufseherin sei es gesagt – wurde nicht geschlagen."[130]

Helga Pollak-Kinsky erinnert gewissermaßen bestätigend:

„Unsere Oberaufseherin war jung und blond und hieß Greta Weninger [sic!]. Sie war ein typisches SS-Weib, von allen gefürchtet, vor allem von mir. Sie war kalt, brutal, sadistisch. Sie trug braune Lederhandschuhe, mit denen sie gerne deftige Ohrfeigen austeilte."[131]

---

[130] Grete Salus. Niemand, nichts – ein Jude. S. 49f.
[131] Helga Pollak-Kinsky. Mein Theresienstädter Tagebuch. S.250f.

l) Januar 1945: Der Häftlingsaustausch am 06.01.1945

Am 6. Januar 1945 kommt es zu einem Häftlingsaustausch zwischen den beiden Flossenbürger Außenlagern Hertine und Oederan. Dabei werden 27 ungarische Jüdinnen aus Hertine, die wie die Oederaner Häftlinge über Auschwitz Birkenau deportiert worden waren[132], gegen 19 polnische Jüdinnen, 17 aus Lodz und 2 aus Krakau-Plaszow, sowie 8 Häftlinge des dritten Oederaner Transportes, die aus Westerbork [4], Wien [2], Berlin [1] und Prag [1][133] nach Theresienstadt und später nach Auschwitz deportiert worden waren, gegeneinander ausgetauscht. Eine plausible Erklärung für diesen Häftlingsaustausch liefert Sara Honigman:

„In der Oederaner Fabrik wurde Munition produziert, Geschosshülsen, noch ohne Sprengstoff. Die Füllung mit Sprengstoff erfolgte im Lager Hertine. Da diese Arbeit nur von Häftlingen ausgeführt werden durfte, die älter als 18 Jahre waren, kam eines Tages ein Transport mit 27 jungen Mädchen, die jünger als 18 Jahre waren aus dem Lager Hertine nach Oederan. Hier sollten sie gegen ältere Frauen ausgetauscht werden. Meine Mutter arbeitete in Oederan in der Küche und sollte der Austauschgruppe zugeordnet werden. So wäre ich von ihr getrennt worden, da ich selbst noch keine 18 war. Meine Mutter wandte sich an die damalige Oberaufseherin Dora und sagte ihr, dass sie sich von mir – ihrer einzigen Tochter – verabschieden möchte, vielleicht für immer. Ich arbeitete in der Tagschicht in der Fabrik. Die Dora ging daraufhin selbst in die Fabrik und befahl mir mitzukommen. Sie fragte mich nach meinem Alter und ich erwiderte wahrheitsgemäß: 17. Daraufhin herrschte sie mich an: ,Sie sind 18!' Sie wollte auf diese Weise erreichen, dass ich mit meiner Mutter zusammen ausgetauscht würde. Inzwischen

---

[132] Das Flossenbürger Nummernbuch nennt den 10.10.44 als Transportdatum
[133] Vgl. Flossenbürger Nummernbücher und Versetzungsliste vom 24.01.45
CEGES Brüssel Mikrofilm 14368
Die entsprechenden Oederaner Häftlinge sind in Teil 4 mit dem Hinweis [>Hertine] oder kurz [>H] versehen.

aber war die auszutauschende Gruppe ohne meine Mutter bereits abgefahren und wir blieben zusammen in Oederan."[134]

Die Aussage Sara Honigmans ist als zutreffend einzustufen. Bei den 27 Häftlingen aus Hertine handelte es sich um mindestens 22 junge Mädchen, die nachweislich jünger als 18 waren und zwei[135] weitere junge Jüdinnen, die mit Jahrgängen im Grenzbereich registriert sind, und möglicherweise auch unter 18 Jahre alt waren, oder dies angaben. Mit diesen 24 Teenagern werden drei ältere Frauen nach Oederan überstellt. Während Vera Salamon wohl als einzige mit ihrer Mutter nach Oederan geschickt wird, werden bei diesem Vorgang einige Hertiner Mädchen von ihren Müttern[136] oder älteren Geschwistern getrennt. Spätestens nach dem beschriebenen Häftlingsaustausch dürfte Oederan das Flossenbürger Außenlager mit der jüngsten Häftlingsbelegung gewesen sein. Bislang ist ungeklärt warum Elza Auspitz und Regina Indig dem Austauschtransport zugeteilt wurden. Die Oederaner Austauschhäftlinge sind im Nummernbuch mit Jahrgängen zwischen 1905 und 1922 registriert und tatsächlich zwischen 1900 und 1922 geboren. Die Frauen waren also mehrheitlich zwischen 25 und 45 Jahre alt. Alle überstellten Oederaner Frauen überleben das Lager Hertine und werden im Mai 1945 in Theresienstadt befreit.

Auch Grete Salus kann den geschilderten Häftlingsaustausch bestätigen:

„Wir, der Außendienst, unterstanden eigentlich einem SS-Oberscharführer[137]. Als es einmal zu einem Austausch von 30 Frauen unseres Lagers mit einem anderen kam, sollte der Oberscharführer einen Teil davon aus dem ihm unterstehenden Außendienst aussuchen. Wir schauten ihn alle flehentlich an – da wir doch nicht wussten, was wieder einmal mit uns werden sollte – und da war er nicht im Stande, sich dieser Aufgabe zu entledigen. Er sagte: „Die Mädels sind schon

---

[134] Michael Düsing. S.106
[135] Jolan Lörinz und Edita Politzer
[136] Vgl.Tiszavari 55173/55174, Weinberg 55187/55188, Walyi 55221/55222.
[137] wahrscheinlich der Lagerkommandant Oberscharführer Eggers

eingearbeitet" „Die Mädels", das war schon verpönt – worauf ihm die Oberaufseherin[138] einen wütenden Blick zuwarf. Mit Vornamen, und überhaupt durften wir nicht angerufen werden, wir waren immer Häftling Nummero so und so viel. Von da an traute die Oberaufseherin dem Oberscharführer nicht mehr recht und übernahm selbst die Kontrolle über den Außendienst. Natürlich fand sie immer etwas nicht in Ordnung."[139]

m) Februar 1945: Der zweite Todesfall

Am 7. Februar wird auf dem Oederaner Friedhof die zwei Tage zuvor verstorbene junge Chana Rywka Cytryn[140] aus Lodz bestattet und am 16. Februar im Flossenbürger Nummernbuch abgemeldet. Sie gehörte dem zweiten Oederaner Häftlingstransport an und war über das Ghetto Lodz nach Auschwitz deportiert worden. Ihre Identität konnte durch die Ghettoregistratur bestätigt werden. Lediglich ihr Jahrgang variiert um ein Jahr. Nachrichten von Hinterbliebenen liegen bislang nicht vor. In den Ludwigsburger Vorermittlungsakten ist folgende Aussage zu finden, die sich mit sehr hoher Wahrscheinlichkeit auf den Tod Chana Cytryns bezieht. Die ebenfalls aus Lodz deportierte Lillian S. gibt zu Protokoll:

„Tötungshandlungen sind in dem Lager nicht vorgekommen, jedenfalls weiß ich nichts davon. Meines Wissens hat es in Oederan nur eine Tote gegeben. Dieses Mädchen hatte offenbar Tuberkulose. Ich habe das Mädchen nicht persönlich gekannt. Ich habe sie aber im Lager gesehen. Sie kam in das Revier. Dort blieb sie eine ganze Weile. Ich weiß nicht, wie lange sie in dem Hospital war. Ich glaube, sie ist kurz vor unserer Evakuierung gestorben. Sie war sehr jung. Es war ein dunkelhaariges Mädchen mit schwarzen Augen. Ich weiß nicht, wo sie beerdigt worden ist."[141]

---

[138] Gertrud Weniger
[139] Grete Salus. Niemand, nichts – ein Jude. S.67
[140] * 20.07.1923 Lodz, FloNo.: 54607 20.07.1924
[141] Barch B 162 / 25631 S. 115f. VP Lillian S.

F1: Gräber der KZ-Häftlinge auf dem Friedhof in Oederan
© Michael Wießler 2005

F2: Luftbild von Oederan – Archiv Cziborra
1) Werk K - Ehemalige Erwin Kabis GmbH - Bahnhofstr. 33
2) Werk S - Ehemalige Textilfabrik Salzmann - Eppendorfer Str.
3) Bahnhof Oederan

n) März 1945: Der dritte Todesfall

Am 12. März 1945 wird auf dem Friedhof der evangelisch-lutherischen Gemeinde in Oederan das am 10. verstorbene dritte Todesopfer des Außenlagers bestattet. Lenke Schwarz wurde keine 18 Jahre alt.[142] Sie wird am 20. März im Flossenbürger Nummernbuch aus der Lagerstärke abgemeldet. Lenke Schwarz gehörte zu den ungarischen Jüdinnen, die am 6. Januar wegen ihres jungen Alters von Hertine nach Oederan überstellt worden waren. In das Flossenbürger Außenlager Hertine wurde sie am 10. Oktober 1944[143] über Auschwitz deportiert. Aus welcher Gegend Lenke Schwarz stammte und ob die überlieferten Geburtsdaten der Realität entsprechen, konnte bislang nicht anderweitig bestätigt werden. Hinweise auf mögliche Hinterbliebene liegen ebensowenig vor, wie Aussagen zu ihren Todesumständen.

F3: Todesopfer Erna Neuberger, geb. Kolb

---

[142] FloNo.: 55113 *14.09.1927
[143] laut Flossenbürger Nummernbuch

66

o) März 1945: Überstellung der drei Schwangeren

Laut Flossenbürger Nummernbuch wurden am 12.03.1945 drei schwangere Frauen zur Entbindung nach Bergen Belsen abgeschoben. Alle drei Jüdinnen waren über Theresienstadt und Auschwitz, also erst im dritten Transport nach Oederan gelangt. Im Oktober 1944 hatte man ihnen ihre Schwangerschaft noch nicht angesehen, sodass sie in ein Arbeitslager gelangen konnten. Ein vierter späterer Oederaner Häftling erlitt bereits in Auschwitz eine Fehlgeburt. Grete Salus schreibt:

„Eine Kameradin brach zusammen, sie hatte infolge all dieser Strapazen und Aufregungen einen Abortus, durch den sie zu all dem Leid noch viele Schmerzen ertragen mußte. Letzten Endes rettete er ihr aber das Leben[144]. Drei schwangere Kameradinnen kamen später nach Bergen-Belsen, wo sie und die Kinder starben."[145]

Dies ist so nicht ganz korrekt. Grete Salus berichtigt aber den Ausgang der Überstellung an späterer Stelle ihres Buches:

„Ein sehr trauriges Kapitel waren unsere drei schwangeren Frauen. Eine von ihnen war noch ganz jung und im Februar bereits im achten Monat. Es ließ sich nicht mehr verheimlichen, ihr Zustand war zu sehr ins Auge fallend, als dass wir die Zahl der Monate hätten heruntersetzen können. Diese Frauen litten furchtbar unter Hunger und Angst um ihr eigenes Schicksal und das ihrer ungeborenen Kinder, und wir mit ihnen. Diese Angst war leider nur allzu begründet, denn eines Tages kam der Befehl „Fertigmachen zur Abreise", und unsere Kameradinnen wurden nun unter Bewachung von drei Aufseherinnen[146] nach Bergen-Belsen gebracht. Eine von den

---

[144] „In der Baracke waren gegen 1200 Frauen. Nur weg von hier, denn schlimmer kann es nirgends sein, sagten wir uns. Die Kameradin, die die Fehlgeburt im Bade hatte, litt schreckliche Schmerzen und hatte große Angst um das Schicksal ihrer Mutter, zu der sie sich freiwillig gemeldet hatte." Grete Salus. Niemand, nichts – ein Jude. S.33
[145] Grete Salus. Niemand, nichts – ein Jude. S. 25
[146] Hinweise zu diesen Personen gewünscht!

drei Frauen überlebte es wie durch ein Wunder, die anderen starben und ebenso ihre Kinder, die sie dort noch zur Welt brachten."[147]

Die Schilderungen sind wahrscheinlich größtenteils korrekt. Bei der Überlebenden, von der Grete Salus spricht, handelt es sich um Charlota Schwenk[ová][148], die bereits 1941 von Prag nach Theresienstadt deportiert worden war. Ihre beiden jungen Kameradinnen Trude Freund[149], geborene Kohn und Erna Neuberger, geborene Kolb[150] verstarben laut Gedenkblättern ihres Mannes[151] bzw. ihres Bruders[152] 1945 in Bergen Belsen. Ein genauer Todeszeitpunkt ist für beide Frauen und ihre Kinder nicht bekannt. Als Todesursache heißt es dort für Erna Neuberger: „starvation and hemorrhagea after giving birth" = *Hunger und Blutung nach der Entbindung.* Über die Befreiung Charlota Schwenks ist bislang nichts Genaueres bekannt, auch nicht, ob sie direkte Zeugin der Todesfälle ihrer Kameradinnen wurde. Während sich die zeitnahen Schilderungen der Grete Salus exakt mit der Dokumentenlage decken, gibt es in den Ludwigsburger Vernehmungsprotokollen und in den späten Erinnerungen ehemaliger Häftlinge, doch einige widersprüchliche Varianten. So erinnert Chanita Moses deutlich verzerrt:

„Inzwischen stellte sich heraus, dass zwei Frauen schwanger waren und diese wurden nach Bergen - Belsen gebracht und die Begleiterinnen, SS Fauen, erzählten uns nach deren Rückkehr in das Lager, dass sie beide sofort vergast worden seien."[153]

Nicht nur die Zahl der Schwangeren und ihre Todesumstände, sondern auch die Angaben über ihr Deportationsziel unterliegen

---

[147] Grete Salus. Niemand, nichts – ein Jude. S. 74
[148] FloNo.: 59405 *15.08.1909
[149] FloNo.: 59218 *12.05.1923 Olomouc
[150] FloNo.: 59339 *31.07.1923 Nürnberg
[151] Lothar Freund Page of Testimony 20. April 1983 [Bonn]
[152] Herbert Kolb Page of Testimony 28. Mai 1991 [Paramus, N.J.]
[153] Archiv Cziborra Korrespondenz

einer deutlichen Varianz. Im Ludwigsburger Zwischenbericht Nr. 2 heißt es:

„Die Zeugin Werebejczyk erklärt jedoch, dass eine schwangere tschechische Jüdin vom Lager Oederan zur Vernichtung ins Lager Flossenbürg gebracht wurde. Eine der Oberaufseherinnen des Lagers Oederan brachte sie dort hin. Frau Werebejczyk erklärt, dass diese Oberaufseherin, deren Namen sie nicht kennt, eine Schwester der in Auschwitz bekannten Oberaufseherin Grese[154] (phonetisch) war. Personenbeschreibung: etwa 30 Jahre alt, mittelgroß, blond, etwas korpulent."[155]

Auch diese Schilderung bezieht sich wahrscheinlich auf die Überstellung nach Bergen Belsen und auf die schwangere Trude Freund. Jean D. gibt Ähnliches zu Protokoll:

„Erschießungen im Lager Oederan habe ich nicht beobachtet. Ich habe auch nicht davon gehört. Ich habe jedoch gehört, dass ein aus der Tschechoslowakei stammendes junges Mädchen, das ein Kind erwartete, aus unserem Lager in das Lager Flossenbürg gebracht worden ist, wo es erschossen worden sein soll."[156]

Auch hier entspricht die Erschießung in Flossenbürg wohl nicht den realen Ereignissen im März 1945, sondern es handelt sich um ein Gerücht, das sich um den wahren Kern der Geschehnisse rankt. Auch Mina C. dürfte Trude Freund und ihren Mann im Sinn haben, als sie 1970 in New York zu Protokoll gibt:

„Ich habe ein junges, 18-jähriges[157] Mädchen aus der Tschechoslowakei an meiner Maschine angelernt. Sie war eine verheiratete Frau, sie war schwanger. Sie war nicht zusammen mit mir in der Stube. Ich habe sie aber aus der Fabrik gut gekannt. An ihren Namen kann ich mich nicht erinnern. Sie

---

[154] Bezug zu Irma Grese [???]
[155] Barch, B 162 / 25631 S.52 - Zwischenbericht Nr. 2
[156] Barch B 162 / 25631 S. 74 VP Jean D.
[157] Trude Freund war Jahrgang 1923, also etwas älter als erinnert.

musste an der Maschine arbeiten, obwohl sie sehr krank war. Als sie schon im achten oder neunten Monat war, merkten die Deutschen, dass sie schwanger war. Sie wurde dann weggenommen und nach Auschwitz geschickt. Mit ihr zusammen wurde noch eine andere Frau weggeschickt, die auch schwanger war. Das Mädchen hat sehr geweint, sie wusste, dass sie getötet werden würde. Eine der Aufseherinnen, die mit einer der Tschechinnen sprach, hatte gesagt, dass das Mädchen in Auschwitz[158] gleich fertig gemacht werden würde. Das schwangere Mädchen ist nicht wiedergekommen. In Theresienstadt hat mich ein junger Mann nach ihr gefragt, das war ihr Mann. Ich habe ihm alles erzählt."[159]

Auch folgende Aussage der Salomea H. könnte sich auf Trude Freund beziehen, da unter den polnischen Jüdinnen scheinbar nur dieser eine Fall bekannt war. Sie gibt 1970 ebenfalls in New York zu Protokoll:

„Jetzt erinnere ich mich daran, dass einmal etwas mit einem schwangeren Mädchen war. Ich kannte das Mädchen nicht, ich habe sie nie gesehen. Man hat davon nur im Lager gesprochen. Ich meine, es wurde gesagt, dass sie nach Hannover zur Untersuchung genommen worden ist."[160]

Dabei liefert Salomea H. mit der Nennung Hannovers den einzigen Hinweis auf die dokumentarisch belegbare Überstellung nach Bergen-Belsen. Das Lager lag 60km nordöstlich von Hannover. Die vermeintlichen Überstellungen nach Flossenbürg oder Auschwitz resultieren wohl nur aus den Lagergerüchten. Lediglich am 17. Oktober 1944 könnte es noch eine Überstellung einer Schwangeren gegeben haben. Diese erfolgte aber in das Frauen-Konzentrationslager Ravensbrück. Die Frauen des dritten Transportes nach Oederan können von diesem Fall höchstens durchs Hörensagen Kenntnis haben. Auch die Frauen des zweiten Transportes hatten, wenn überhaupt, nur wenig Zeit Gizella Lichtenstein kennenzulernen.

---

[158] Auschwitz wurde bereits am 27. Januar 1945 befreit.
[159] Barch B 162 / 25631 S. 102f. VP Mina C.
[160] Barch B 162 / 25631 S. 109 VP Salomea H.

p) April 1945

Die letzten Tage im Lager Oederan waren geprägt von einer
großen Unsicherheit der Häftlinge, was mit ihnen geschehen
würde, wenn sich die Front weiter näherte und die Deutschen für
sie keine Verwendung mehr hätten. Grete Salus schildert:

„Der Druck wurde immer stärker, der Hunger immer quälen-
der und dazu kam noch die große Angst, wenn keine Arbeit
vorhanden war, liquidiert zu werden. Wir hörten unterdessen
auch beängstigende Nachrichten von Häftlingen, die halb-
nackt und halbtot durch die Ortschaften zogen. Wir sahen die
deutschen Flüchtlingszüge, genau so wie wir in Viehwaggons
und heruntergekommen, am Oederaner Bahnhof stehen.
Einige Schichten wurden jetzt ständig aus der Fabrik zurückgeschickt, da es keine Arbeit mehr gab. Die Schikanen
mehrten sich."[161]

Kurz bevor es aber zu der befürchteten Liquidierung des Lagers
kam, soll es in Oederan noch zu einer kleinen politischen Affäre
gekommen sein, die unter anderen Umständen zur Hinrichtung
des betroffenen Häftlings hätte führen können. Grete Salus:

„Auch wir hatten in unserem Lager eine politische Affaire.
Eine Kameradin stand in Korrespondenz mit einem gefangen-
en Franzosen, und im Verlaufe einer Bettkontrolle fiel das
deutsche Konzept eines derartigen Briefes in die Hände der
Oberaufseherin. Wir sagten aus, dass die Kameradin infolge
des Verlustes ihrer beiden Kinder nicht mehr normal sei. Die
Angelegenheit wurde an das KZ Floßenbürg weitergeleitet –
der Brief war politischen Inhaltes – dies geschah aber kurz vor
dem Anrücken der Alliierten, so dass es zu einer Verurteilung
nicht mehr kommen konnte."[162]

Die Verfasserin war eventuell eine Roži, die im Bett über Helga
Pollak schlief, wo der Kassiber gefunden worden war.

---

[161] Grete Salus. Niemand, nichts – ein Jude. S.57
[162] Grete Salus. Niemand, nichts – ein Jude. S.62 vgl. Pollak-Kinsky S.251

q) April 1945: Die Evakuierung

Zur Rekonstruktion der Evakuierung des Lagers Oederan liegen zahlreiche ausführliche Berichte vor, die unterschiedlich detailliert die Ereignisse schildern. Am ausführlichsten sind dabei die Ausführungen der Grete Salus, die sich außerdem als höchst verlässlich erwiesen. Daher sollen ihre Schilderungen hier exemplarisch wiedergegeben und kommentiert werden. Sie schreibt:

„Am Freitagabend, dem 13. April, hieß es inoffiziell, wir würden vielleicht noch heute Nacht evakuiert.[...] Diese Nacht kam noch kein Befehl zum Abmarsch und am anderen Tage gingen wir wie sonst zur Arbeit. In der Fabrik war fast kein Betrieb und die wenigsten Meister waren erschienen. [...] Im Lager herrschte bereits große Aufregung, denn am Nachmittag um 3 Uhr sollten wir zum Abmarsch antreten. Der Befehl lautete: *„Häftlinge und das gesamte Aufseherpersonal Antreten zur Evakuierung vor dem Feind".* Ziel unbekannt." [...] Unter Eskortierung von bewaffnetem Landsturm und Hitlerjugend gingen wir, in unsere grauen Decken gehüllt, dahin. Wir gingen zum Bahnhof und wurden in offene Kohlewagen verladen. [...] Zu Beginn der Fahrt zeigten wir uns noch aufnahmefähig, denn wir fuhren durch die herrlichen Wälder des Erzgebirges und spielten oft mit dem Gedanken, einfach abzuspringen und hineinzulaufen in das schützende Dickicht. In jedem der Wagen waren Aufseherinnen verteilt, aber sie waren so mit sich selbst beschäftigt, dass es sicher geglückt wäre. Die meisten von ihnen weinten bitterlich vor Abschiedsweh von der Heimat. Sie schimpften auf die Alte[163], die ihnen das eingebrockt hatte."[164]

Der Oederaner Transport, bestehend aus 494 Häftlingen, erreicht über das Erzgebirge das Sudetenland und trifft unterwegs wahrscheinlich auf den Transport aus dem Buchenwalder Außen-

---

[163] Spitzname der Oberaufseherin
[164] Grete Salus. Niemand, nichts – ein Jude. S.77f.

lager Flössberg, der später mit den Frauen der Flossenbürger Außenlager in Freiberg und Venusberg in das österreichische KZ Mauthausen evakuiert wurde. Unter den Flößberger Häftlingen befanden sich hauptsächlich ungarische und polnische Juden, unter anderem aus Lodz. Grete Salus berichtet:

„Wir waren aus unserer anfänglichen Erstarrung erwacht und nun fuhren verzweifelt herausgebrüllte Namen hinüber und herüber. „Ist der bei Euch – ist jener bei Euch?" – und in einem der Wagen hatten sich zwei Menschen erkannt. Sie versuchten, sich viel zu sagen, es blieb nur beim Versuch, denn schon hatten wir uns voneinander entfernt, waren auseinandergerissen in zwei verschiedene Richtungen. [...] Von Theresienstadt sahen wir niemanden unter diesen Männern; wie uns die Polinnen berichteten, waren es meist Ungarn und Polen gewesen. [...] Es hieß, wir sollten nach Mauthausen gebracht werden. Die engere Garde der Oberaufseherin hatte es erlauscht und rief es sich von Wagen zu Wagen zu."[165]

Es war demnach reiner Zufall, wo die Evakuierung der Oederaner Jüdinnen schließlich endete. Der Zug hätte ebensogut einem der anderen Evakuierungstransporte angeschlossen werden und durchaus auch im KZ Mauthausen[166] landen können. Grete Salus berichtet außerdem über die weitere Evakuierungsfahrt:

„So gelangten wir in den Aussiger Bahnhof, deutsche Flüchtlinge saßen auf Bündeln und anderem Gepäck und schauten

---

[165] Grete Salus. Niemand, nichts – ein Jude. S.79f.
[166] „Der Befehl [Himmlers] lautete: Nicht lebend in die Hände der Alliierten fallen lassen", dass wir es doch überlebten, verdanken wir verschiedenen technischen Schwierigkeiten, die sich den Deutschen in den Weg legten. Unser [...] Arbeitslager sollte z.B. beim Anrücken der Amerikaner nach Mauthausen zum Vergasen gebracht werden – so lautete der Befehl aus Flossenbürg, dem wir unterstanden -. Durch Kompetenzstreitigkeiten zwischen Oberaufseherin und Oberscharführer verzögerte sich unser Abtransport um einige Tage, und da die Straßen bereits blockiert waren, erreichten wir diesen unseren Bestimmungsort nicht mehr." Salus S.22

ratlos vor sich hin. [...] Dieser Aufenthalt stand sicher nicht im Programm, war ein ausgesprochener Regiefehler und so fuhren wir auch sobald als möglich heraus und hielten auf einem Nebengleise. Unsere Lokomotive verließ uns und so standen wir nun volle zwei Tage und erlebten einen Nahangriff, der sich auf ein einige Meter von uns entferntes Objekt konzentrierte. [...] So verlief nun unsere ganze Fahrt. Ständig verließ uns die jeweilige Maschine und wir standen auf den verschiedenen Strecken. Einmal drei Tage in der Nähe von Leitmeritz und es wurde schon gemunkelt, dass wir nun zu Fuß gehen müssten. Da aber die Aufseherinnen keine Lust dazu hatten, blieb uns dies erspart. An unseren Zug hatte sich ein schwerbewaffneter SS-Zug angehängt und unsere Begleitmannschaft hatte nun ein Leben, wie sie sich es nur wünschen konnte. Solche SS-Züge fuhren zu Hunderten hinter der Front herum und der unsere konnte sich damit, zu unserer Bewachung da sein zu müssen, legitimieren. In dieser illustren Gesellschaft hielten wir nun tagelang auf den verschiedenen Bahnlinien, bewegten uns immer um Aussig, Leitmeritz im Kreise. [...] Einmal hieß es nach Dachau, dann nach Floßenbürg und gegen Ende unserer Wanderschaft tauchte das Wort „Theresienstadt" auf. Der Oberscharführer, dem das Ganze sehr gegen den Strich ging, sagte, dass er alles tun würde, um uns nach Theresienstadt zu bringen. Sie waren alle ratlos, was sie mit uns beginnen sollten, da alles bereits blockiert war und wir nirgends durchkommen konnten.[...]
Wir fuhren nach Leitmeritz, näherten uns Theresienstadt. [...] Wir standen nun vor Theresienstadt einen halben Tag und kehrten wieder um. Theresienstadt hatte seinen Tore geschlossen und ließ niemanden herein. Zurück nach Prag. Pankratz-Gefängnis, war die neue Devise. Wir sanken wieder in wohltuende Bewusstlosigkeit. Unterdessen hatten wir verschiedene Begegnungen. Ein Häftlingszug. Frauen so wie wir. Er hielt und, o Wunder, in einem der Wagen unsere ungarische Ärztin. Nun erfuhren wir, dass auch sie vergebens vor Theresienstadt gehalten hatten. Wir erfuhren, dass im Oktober 1944 noch ein Transport nach dem unseren nach Auschwitz gegangen war. Es wurde damals gesagt, dass mit unserem Transport die Aktion abgeschlossen sei. Nun hörten wir, dass auch noch die

letzten 2000 jüngeren Menschen denselben Weg genommen hatten wie wir."[167]

Die Frauen des beschriebenen Häftlingszuges, auf den hier der Oederaner Evakuierungstransport trifft, stammten aus den sächsischen Flossenbürger Außenlagern Zschopau und Wilischthal, die gemeinsam ebenfalls am 14. April 1945 evakuiert worden waren. Möglicherweise wurden diesem Transport auch die Frauen des Außenlagers in Hainichen angeschlossen.[168] Zeuginnen der Lager Zschopau und Wilischthal bestätigen[169] – wie Grete Salus das auch beschreibt – die Abweisung ihres Transportes von Theresienstadt. Die von Salus genannte Oederaner Häftlingsärztin Gabriele Heller wurde dokumentarisch belegbar nach Wilischthal überstellt.[170] Von den Wilischthaler Frauen muss auch die Information über den weiteren Transport aus Theresienstadt nach Auschwitz stammen. Mindestens ein Dutzend Frauen aus Theresienstadt befanden sich im Wilischthaler KZ-Lager, die am 28. Oktober mit dem Transport Ev noch nach den Oederaner Thersienstädterinnen vom 23. Oktober [Et], als letzter Transport nach Auschwitz das Ghetto verlassen mussten. Alle Daten sprechen daher für diesen Evakuierungstransport aus den Lagern des Auto Union Konzerns in Zschopau und Wilischthal. Grete Salus berichtet außerdem über den weiteren Evakuierungsverlauf:

„Wir standen nun wieder längere Zeit irgendwo in der Leitmeritzer Gegend. Ständig hörten wir Alarme. Der SS-Zug leistete uns auch weiterhin Gesellschaft. Auf einmal sahen wir in den Wagen vor uns aufgeregtes Durcheinandersprechen. Gestikulieren und nun erfuhren auch wir, es sollte abermals nach Theresienstadt gehen. Wirklich, der SS-Zug hängte ab, und wir fuhren nun ohne seine Begleitung nach Theresienstadt. Es begann heftig zu regnen. Während der ganzen Zeit

[167] Grete Salus. Niemand, nichts – ein Jude. S.80ff.
[168] Vgl. Cziborra. KZ Wilischthal. S.84
[169] Genia K., Barch, B 162 / 3854 S. 245 – vgl. Cziborra. KZ Zschopau S.102
Odette H., Barch, B 162 / 3850 S. 162 – vgl. Cziborra. KZ Wilischthal S.88f.
[170] Vgl. Kapitel Medizinische Versorgung

unserer Wanderschaft hatten wir gutes Wetter gehabt, und das erleichterte uns das Hausen in den offenen Wagen. Wir waren 8 Tage auf Fahrt, ohne Nahrung, und lebten. Als es hieß, nach Theresienstadt, rafften wir noch einmal alle unsere Kräfte zusammen, bissen die Zähne aufeinander und sagten uns „durchhalten". Wir fuhren bis Leitmeritz, hier verließen wir die Wagen. [...] Nun gingen wir zwei Stunden zu Fuß nach Theresienstadt. Erst gingen wir durch die ganze Stadt Leitmeritz, bereits naß bis auf die Haut. Ein unheimlicher Zug, die entsetzten Blicke der Bevölkerung bewiesen es. Auf dem Wege legte sich eine der Frauen auf den Boden, wollte nicht weiter, begann furchtbar zu schreien und dies vor den Augen der deutschen Passanten. Wir trugen sie nun abwechselnd. Sie war verrückt geworden. Ich konnte nicht daran glauben – wir alle konnten es nicht – dass wirklich Theresienstadt das Ende unseres Weges sein sollte, gerade da, wo wir ihn auch begonnen hatten. [...] Jenseits des Balkens sahen wir eine Masse Menschen, anfänglich wie zu Salzsäulen erstarrt. Da hatten sich bereits einzelne erkannt und nun begann ein heller Wahnsinn. Wir auf der einen Seite warfen die Arme hoch, manche stürzten zu Boden, auf der anderen Seite drängten sich die Menschen. Ein Schreien und Weinen: „Theresienstädter Frauen" wurde gerufen. Der Balken ging hoch, und wir taumelten vorwärts, die Aufseherinnen hinter uns lassend. Wir wankten durch ein Spalier von Menschen. [...] Und doch wurde die Kette natürlich durchbrochen von einer Mutter, die ihre Tochter kommen sah. Du mein Gott, ich kann es nicht schildern, was da mit uns geschah, denn all das, was nun auf uns hereinbrach, riß uns fast auseinander mit brutaler Gewalt. Wir waren doch fast Totgesagte, der erste größere Transport Theresienstädter Frauen, der nun geschlossen ins Ghetto zurückkam. [...] Wir waren der zweite derartige Transport, der hier eintraf. Wir kamen am Samstag, dem 21. April 1945. Am vorhergehenden Tag, Freitag, war der erste Transport angekommen mit nur vereinzelten Frauen aus Theresienstadt. [...] Wir kamen in Quarantäne[171], da der Transport, der vor uns angekommen war, flecktyphusverdächtig war. Mich selbst nahm für die erste Nacht eine gute Bekannte zu sich."[172]

---

[171] Vgl. Grete Salus. Niemand, nichts – ein Jude. S.96
[172] Grete Salus. Niemand, nichts – ein Jude. S.84ff.

Mit dem Transport, der am 20. April in Theresienstadt eintraf, dürfte der Transport aus Zschopau und Wilischthal gemeint sein, auf den der Oederaner Transport schon unterwegs einmal getroffen war und dem mindestens ein Dutzend Theresienstädter Frauen angehörten. Damit ist der Evakuierungsbericht der Grete Salus nicht nur der detailreichste, sondern wohl auch eine der stimmigsten Schilderungen, die sich fast in allen Punkten dokumentarisch bestätigen lässt.

Obwohl auch in Theresienstadt Gaskammern vorbereitet waren, stand das Ghetto bei Ankunft der Oederaner Häftlinge bereits unter dem Schutz des Internationalen Roten Kreuzes[173]. Wie andere Häftlinge das Evakuierungsgeschehen erlebten und schildern, sollen folgenden Berichte dokumentieren.

I. Weitere Evakuierungsschilderungen:

„Frau Werebejczyk berichtet, dass sie am 14. April 1945 evakuiert wurden. ‚Die italienischen Kriegsgefangenen mahnten uns noch ‚Geht nicht!', aber wir mussten.' Auf dem Weg vom Lager zum Güterbahnhof, einer Wegstrecke von etwa 800 Metern, wurden sie von Hitlerjugend und Volkssturmtruppen bewacht. ‚Sechs tage lang waren wir nach Theresienstadt unterwegs. Während unserer Reise kamen wir zweimal durch Aussig. Einmal sahen wir über Aussig einen Flugzeugkampf. Die Aufseherinnen flohen. Einige Tage nach unserer Ankunft in Theresienstadt wurde das Ghetto der Aufsicht des Internationalen Roten Kreuzes übergeben. Die Aufseherinnen durften das Ghetto nicht betreten und hatten große Angst vor einer Abrechnung nach dem Kriegsende. Eine fragte: ‚Was wird mit mir? Ihr werdet in zwei Wochen frei sein.' Und tatsächlich so kam es auch. Damals aber antworteten wir ihr nicht."[174]

---

[173] Vgl. Grete Salus. Niemand, nichts – ein Jude. S.96 /Paul Dunant 22.04.45
[174] Düsing S.107

Lillian S.:

„Am 14. April 1945 wurden wir evakuiert. Ich bin dieses Datums ziemlich sicher, weil mir eine Freundin von mir, die an einer Maschine arbeitete, einen oder zwei Tage vorher eine kleine Metallplakette mit einer Inschrift geschenkt hatte.[...] Auf der Evakuierung wurden wir auch von den Aufseherinnen und der Oberaufseherin bewacht. Meines Wissens sind auch während der Evakuierung keine Tötungshandlungen vorgekommen. Jedenfalls habe ich nichts gesehen. Ich hatte den Eindruck, dass die Oberaufseherin während der Evakuierung besonders nett zu uns war. Ich glaube das geschah, weil der Krieg sich schon dem Ende zunäherte. Wir sind vom Lager Oederan zunächst ein paar Stunden[175] marschiert. Dann wurden wir auf offene Waggons verladen. Ich weiß nicht mehr, wielange wir mit dem Zug unterwegs waren. Einmal haben wir vom Zug aus für eine lange Zeit Flugzeuge gesehen. Es fielen Bomben, der Zug wurde aber nicht getroffen. Vor Theresienstadt sind wir wieder marschiert. Das könnte etwa einen Tag gedauert haben. Wir blieben jedenfalls nirgen[d]s übernacht. Die Mädchen, die hinten marschierten, haben es fast nicht geschafft; denn wir waren ohne Nahrung. Wir bekamen unterwegs zwar von den Aufseherinnen etwas zu essen. Es reichte aber nicht für die vielen Tage. Manche Mädchen hatten sich vor der Evakuierung noch etwas in der Küche besorgt, als sie merkten, dass die Küchenhilfen nicht mehr da waren. Die Aufseherinnen haben uns bis Theresienstadt begleitet, dann sind sie verschwunden."[176]

Bella B.:

„Mitte April wurde das Lager evakuiert. Wir mussten uns zu einem Zählappell anstellen, wie jeden Tag, und uns wurde gesagt, dass wir irgendwo anders hin zur Arbeit transportiert würden. Ob wir Proviant erhalten haben, weiß ich nicht. Möglicherweise etwas Brot. Wir maschierten etwa eine halbe Stunde zum Bahnhof und wurden dort in offene Waggons

---

[175] laut Salus nur bis zum Bahnhof Oederan
[176] Barch B 162 / 25631 S. 114ff. VP Lillian S.

verladen. Uns wurde gesagt, dass jeder Fluchtversuch mit dem Tode bestraft würde. Wir waren einige Tage und Nächte unterwegs. Wenn Fliegerangriffe kamen, hielt der Zug. Uns war es jedoch nicht erlaubt, die Waggons zu verlassen. Die SS-Aufseherinnen fuhren im gleichen Zuge mit. Wir sahen sie nur, wenn der Zug hielt. Ob Häftlinge während der Fahrt an Erschöpfung gestorben sind, weiß ich nicht. Jedenfalls waren wir alle sehr erschöpft und schwach, als wir am Ziel in Theresienstadt eintrafen. Von Häftlingserschießungen während der Fahrt habe ich ebenfalls nichts gehört. Wie gesagt, wurden wir in Theresienstadt am 8. Mai 1945 befreit."[177]

Charlotte Bachner:

„Es war Mitte April, Frauen – wir haben immer nur SS-Weiber gesagt – begleiteten uns als Bewachung. Sie haben uns noch immer nicht freigelassen, obwohl sie ja wissen mussten, dass das Ende des Krieges nahe war. Es waren so viele Frauen in einem Viehwaggon, dass wir nur irgendwie sitzen konnten, von Liegen und Schlafen war keine Rede. Ich bin in einer Ecke gesessen und war schon dreiviertel verhungert. Nur ein einziges Mal haben wir etwas zu essen erhalten, irgendeine Suppe. Eine besondere Situation: Die ‚Bahnfahrt' führte vom sächsischen Fuße des Erzgebirges über das Gebirge hinunter nach Böhmen. Eines Morgens, nachdem ich doch ein wenig die Nacht im Halbschlaf in einer Ecke verbracht hatte, öffnete ich die Augen. Wir hielten auf einem Bahnhof. Der kam mir so bekannt vor, ich erschrak ein wenig, dachte, ich hätte schon Traumvorstellungen. Da schob sich ein Mädchen zu mir heran und sagte: ‚Weißt du, wo wir sind?' Ich antwortete: ‚Der Bahnhof kommt mir bekannt vor!' ‚Du bist zu Hause in Most.' Das war mein Geburtsort, das Mädchen war ein paar Kilometer von diesem Ort aufgewachsen. Was nun? – ‚Wir flüchten' – war unser erster Gedanke. ‚Wohin? Zu wem?' Die Tschechen waren genauso wie die Juden des Ortes ins Landesinnere gezogen, als die Deutschen kamen, und jemand musste uns doch aufnehmen. Wer würde es wagen – man erkannte uns auf den ersten Blick

---

[177] Barch B 162 / 25631 S. 89 VP Bella B.

als Häftlinge. Während wir hin und her berieten, setzte sich der Zug in Bewegung – vielleicht zu unserem Glück, wahrscheinlich hätte man uns erschossen. [...] In Bauschowitz wurden wir ausgeladen, da wussten wir schon, es geht wieder nach Theresienstadt. Die Straßen haben wir gekannt. Und so heruntergekommen, wie wir waren – nur noch Haut und Knochen – sind wir marschiert, wie die Soldaten. Der Wille, noch nach Theresienstadt zu kommen, hat uns aufrecht gehalten. Dabei wussten wir gar nicht, ob das Lager noch existierte. Aber wir sind marschiert. Vor den Mauern von Theresienstadt sind die Menschen, die dort überlebt hatten, Spalier gestanden und haben gewartet, ob Verwandte und Bekannte zurückkommen. Wir waren ja nicht der erste Transport, der zurückgekommen ist [...] Fünf Frauen aus unserem Transport hatten die Eltern in Theresienstadt zurückgelassen, ich war die Einzige, die sie wiedergefunden hat. [...] Meine eigene Mutter konnte mich nicht erkennen."[178]

Chanita Moses:

„Anfang April wurden wir am Morgen wach und hörten von Ost und West Kanonenfeuer. Wir wussten schon, dass der Krieg zu Ende geht, denn in der Fabrik wo wir arbeiteten waren einige russische Gefangene, die einen Dolmetscher hatten. Dieser sprach mit den Mädels aus der Tschechei (die Sprachen sind ähnlich und so kann man einander verstehen ohne dass die Aufseherinnen es verstehen).Wir wurden in dachlose Viehwagen geladen und so ging die Reise los. Nach Süden hauptsächlich. Wir standen öfter als wir fuhren. Immer wieder wurde die Lokomotive abgekoppelt für einige Stunden. Nach jeder Nacht Stillstand waren es weniger Aufseherinnen. Alle hatten große Angst von den Russen in Uniform gefunden zu werden. Nach einigen Tagen nahm eine von unseren Frauen den Mut und sagte zu der Kommandantin, dass wir ganz in der Nähe von Theresienstadt seien. Sie bestellte ein Taxi und kam am nächsten Tag zurück mit dem Bericht, dass wir wirklich dorthin fahren. Damals wussten wir nicht, dass

---

[178] Charlotte Bachner, in: Stiftung des österreichischen Widerstandes (Hg.): Jüdiche Schicksale. Berichte von Verfolgten, Wien 1992, S.545f.

auch dort inzwischen Gaskammern[179] waren. Zu unserem Glück bekam der dortige Kommandant in den 2-3 Tagen bis wir ankamen kalte Füße."[180]

Mina C.:

„Dann wurden wir eines Nachts herausgeholt und auf offene Viehwagen gepackt. Wir wurden acht Tage und acht Nächte immer hin und her gefahren. Wir bekamen nichts zu essen und nichts zu trinken. Schließlich gelangten wir nach Theresienstadt."[181]

Salomea H.:

„Von Oederan wurden wir Ende April auf offenen Eisenbahnwaggons evakuiert. Unterwegs ist ein Mädchen verrückt geworden. Sie hat Radau gemacht. Ich weiß nicht, was aus ihr geworden ist. Einmal haben wir unterwegs einen Luftkampf zwischen Deutschen und Russen gesehen. Die SS-Bewacher sind in der Zeit in den Wald geflohen. Wir sind auf dem Zug geblieben. Als die Bewacher hinterher zurückkamen, haben sie sich gewundert, dass wir auf dem Zug geblieben sind und fanden das sehr mutig. Wir waren acht bis zehn Tage auf dem Zug unterwegs. Dann trafen wir in Theresienstadt ein."[182]

Eva K.:

„Ich verbrachte volle sieben Monate in Oederan, und wir wurden erst weitergeführt, als sich die Engländer auf zehn Kilometer dem Orte näherten. Man brachte uns nach Theresienstadt, wo wir am 8. Mai von den Russen befreit wurden."[183]

---

[179] Seit Februar 1945.
[180] Archiv Cziborra. Korrespondenz
[181] Barch B 162 / 25631 S. 101 VP Mina C.
[182] Barch B 162 / 25631 S. 108 VP Salomea H.
[183] DEGOB-Protokoll 958

II. Todesfälle während der Evakuierung:

Nur zwei Evakuierungsbeschreibungen sprechen für das Lager Oederan auch von Evakuierungstoten. Relativ konkret diesbezüglich wird Jean D., die zu Protokoll gibt:

„Die Fahrt ins Lager Theresienstadt dauerte ungefähr 2 Tage und 1 Nacht. Während der Fahrt in den überfüllten Viehwaggons starben mehrere Personen, deren Leichen aus dem Zug geworfen wurden."[184]

Die Dauer der Evakuierung wird dabei stark unterschätzt. Auch Rose D. spricht von Evakuierungsopfern, räumt aber ein, davon nur vom Hörensagen Kenntnis zu haben:

„Zur Evakuierung wurden wir nachts herausgenommen und zur Bahnstation gebracht. Wir kamen auf offene Viehwaggons. Wir wurden eine Woche lang hin und zurückgefahren. Eigentlich sollte der Transport nach Stutthof[185] gehen. Dort war aber kein Platz mehr. So sind wir schließlich in Theresienstadt gelandet. Unterwegs gab es sehr wenig zu essen und nichts zu trinken. Ich habe gehört, dass unterwegs ein paar Frauen gestorben sind. Ich habe selbst allerdings keine Toten gesehen. Es hat sich jeder nur um sich selbst gekümmert. [...] Ich kann mich erinnern, dass wir unterwegs einmal einen Luftkampf gesehen haben. Der Zug stand, das tat er oft. Wir Häftlinge sind auf den Wagen geblieben. Ich weiß nicht, wo die SS war. Die SS haben wir überhaupt nur gesehen, wenn sie uns etwas Brot brachten. Sie hatten einen geschlossenen Wagen, in dem sie wohnten. Es waren SS-Männer und SS-Frauen. Sie waren mit Revolvern und Gewehren bewaffnet. Vom Bahnhof Theresienstadt an, haben wir sie nicht mehr gesehen." [186]

---

[184] Barch B 162 / 25631 S. 74 VP Jean D.
[185] Zum Zeitpunkt der Evakuierung eher unwahrscheinlich.
[186] Barch B 162 / 25631 S. 112 VP Rose D.

Da die meisten Häftlingsschicksale der Oederaner Jüdinnen bekannt sind, kann der Kreis möglicher Evakuierungsopfer sehr stark eingegrenzt werden. Für den ersten Transport vom 12.09.1944 sowie für den dritten, sogenannten Theresienstädter Transport vom 30.10.1944 können Evakuierungsopfer bereits ausgeschlossen werden. Aus dem zweiten Transport aus Lodz vom 9. Oktober 1944 könnte es genau ein Evakuierungsopfer gegeben haben. Die Zahl der möglichen Todesopfer ist aktuell also auf maximal drei Personen einzugrenzen, da außerdem nur noch für zwei weitere Mädchen, die aus Hertine nach Oederan überstellt wurden, bislang keine Informationen über ihr Schicksal vorliegen. Es ergibt sich folgende Übersicht. Konkrete Evakuierungsopfer waren bislang nicht explizit zu bestätigen.

T1: Potentielle Todesopfer der Evakuierung aus Oederan

FloNo.:	Name	Geburtsdaten	Nation
54595	Jochimewicz, Rywka	19.12.1920 Lodz	POL
55017	Politzer, Edith	10.10.1926	HUN
55173	Tiszavari, Margit	06.04.1928	HUN

Es muss auch in Betracht gezogen werden, dass es keine Evakuierungsopfer gab und es sich lediglich um Gerüchte handelt. Weiterführende Darlegungen zu diesem Thema finden Sie auch im Kapitel 4.1 III. zu der diesbezüglich übertriebenen Autobiografie „Out on a Ledge" von Eva Libitzky.

r) Mai 1945: Befreiung in Theresienstadt & späte Todesfälle

Nach der Ankunft in Theresienstadt werden die Frauen bis zu ihrer Befreiung im Mai und ein wenig darüber hinaus unter Quarantäne gestellt. Grete Salus berichet:

„Nach der ersten bei Freunden verbrachten Nacht kehrte ich in die allgemeine Quarantäne, in die Gemeinschaft unserer Frauen zurück. Hier verbrachten wir drei Wochen gemeinsam mit einem Frauentransport, der, wie sich später herausstellte, der eigentliche Träger der Flecktyphusepidemie war, die nun ganz Theresienstadt ergriff. Von unserem Lager erkrankte nur eine einzige an dieser tückischen Krankheit und auch diese gesundete. Wir blieben wie ein Wunder verschont. Es starben viele der Theresienstädter Ärzte und Pflegerinnen, die in allzu dichte Berührung mit den verlausten Häftlingen kommen mussten."[187]

Am 8. bzw. 9. Mai 1945 werden die Oederaner Häftlinge in Theresienstadt von russischen Truppen befreit, deren Vorhut am Abend des 7. Mai eintraf. Einige der Befreiten sind so schwach, dass sie nach all den Strapazen noch in Theresienstadt versterben. Am 6. Juni 1945 verstirbt die junge Chaja Piotrkowska[188] aus Lodz und am 16. August 1945 erliegt auch Hella Gotthelf[189], ebenfalls eine junge Frau aus Lodz, hier noch den Entbehrungen der KZ Haft. Rückmeldungen zu diesen Todesfällen aus der Oederaner Häftlingsgemeinschaft liegen bislang noch nicht vor. Solche späte Todesfälle, insbesondere außerhalb der ehemaligen Lagergemeinschaft sind nur schwer zu recherchieren und sollten von Angehörigen dringend an die entsprechenden Gedenkstätten gemeldet werden.

---

[187] Grete Salus. Niemand, nichts – ein Jude. S.96
[188] FloNo.: 54536 *20.06.1927 [registriert: 29.06.23]
[189] FloNo.: 54616 *05.05.1924 [registriert: 15.05.24]

84

s) Repatriierung und Lagerleben nach dem Krieg

Nach der Befreiung in Theresienstadt geht für viele Oederaner Jüdinnen das Lagerleben weiter. Da Familienstrukturen zerstört und Besitz und Wohnungen verloren sind, wird der Neuanfang nach dem Krieg wiederum aus Auffanglagern heraus organisiert. Eine größere Gruppe, überwiegend deutscher und österreichischer Häftlinge aus Oederan, gelangt in dieser ersten Nachkriegsphase nach Deggendorf in ein sogenanntes DP-Camp für ,Displaced Persons'[190]. Dies kann durch die Schriften des Aufbau Verlages „Juden in Deggendorf" vom 12. Oktober 1945 Seite 31 und vom 19. Oktober 1945 Seite 20 nachgewiesen werden und gilt explizit für Ilse Adler[191], Lilly Adler[192], Lilly Bass[193], Helene Engel[194], Judith Engel[195], Ilse Goldemann[196], Marlene Goldschmidt[197], Gertrud Kornfeld[198], Gerti Wolken[199] Lotte Unger[200], Margot Unger[201] und Ruth Unger[202]. Margot Unger gelangt über Wien nach Deggendorf und kann auch in der Schrift des Aufbau Verlages mit dem Titel „*Nach Wien zurückgekehrt*" vom 17.08.1945 nachgewiesen werden. Auch weitere Häftlinge des Oederaner Lagers kehrten nach Wien zurück oder hielten sich nach dem Krieg dort auf. Das gilt mindestens für Alma Pollak[203], Klara Schrott[204] und Martha

---

[190] Verschleppte Personen
[191] FloNo.:59154 Aufbau Deggendorf 12.10.1945 S.31
[192] FloNo.:59155 Aufbau Deggendorf 12.10.1945 S.31
[193] FloNo.:59166 Aufbau Deggendorf 12.10.1945 S.31
[194] FloNo.:59200 Aufbau Deggendorf 12.10.1945 S.31
[195] FloNo.:59201 Aufbau Deggendorf 12.10.1945 S.31
[196] FloNo.:59237 Aufbau Deggendorf 12.10.1945 S.31
[197] FloNo.:59240 Aufbau Deggendorf 12.10.1945 S.31
[198] FloNo.:59297 Aufbau Deggendorf 12.10.1945 S.31
[199] FloNo.:54634 Aufbau Deggendorf 19.10.1945 S.20
[200] FloNo.:59428 Aufbau Deggendorf 19.10.1945 S.20
[201] FloNo.:59429 Aufbau Deggendorf 19.10.1945 S.20
        Aufbau Wien 17.08.1945 S.22
[202] FloNo.:59430 Aufbau Deggendorf 19.10.1945 S.20
[203] FloNo.:59360 Aufbau Wien 15.03.1946 S.20
[204] FloNo.:59399 Aufbau Wien 29.03.1946 S.20

Wachtel[205]. Aus den DP-Lagern wanderten viele Häftlinge nach und nach nach Israel, die USA und andere Aufnahmestaaten aus, um sowohl ihrer oftmals aus der Verfolgung resultierenden existenziellen Not, als auch ihren Erinnerungen zu entfliehen. Nur ein Bruchteil kehrte dauerhaft in ihre ursprüngliche Heimat zurück. Durch den Neuanfang der Überlebenden rund um den Globus wurde die Aufarbeitung des Holocausts damit recht bald sowohl für die Forschung als auch für die Justiz zu einem komplexen Kommunikationsproblem. Die unterschiedlichen Interessen aller beteiligten Staaten und das aufwendige Auffinden von Zeugen erschwerten auch die Ludwigsburger Ermittlungen. Dies soll aber nicht den Umstand beschönigen, dass das Nachkriegsdeutschland und später beide deutsche Folgestaaten lange Zeit viel zu sehr mit sich selbst beschäftigt waren, als dass man adäquat und konsequent um eine Lösung der Entschädigungs- und Sühnefragen auf materieller wie ideeller Ebene gerungen hätte. Möge dieses Buch zeigen, was auch heute durch intensive Forschung noch möglich ist und mit seinem Wahrheitsanspruch ein Meilenstein der Aussöhnung werden.

t) Rückkehr nach Oederan

Wie einem Leserbrief vom 03.03.2010 von Rita H. zu entnehmen war, war zu einer Gedenkveranstaltung auf dem Gelände des VEB Zwirnerei und Nähfadenfabrik Oederan (vormals Kabis) noch zu DDR-Zeiten auch der ehemalige Häftling Ilse Steinsbergova geladen und durfte sich bei dieser Gelegenheit ins Ehrenbuch der Stadt Oederan eintragen. Bei der Veranstaltung an der Gedenktafel erkannte Ilse Steinsberg aus Prag die ehemalige Oederaner Aufseherin Edith Fuß (später Bindig) wieder. Ob dies Konsequenzen für diese hatte, ist nicht überliefert.
Nachkommen der Aufseherin sollen noch in Oederan leben.
Ob ihre Identität mit der der Aufseherin Edith Werner übereinstimmt, oder es sich um eine andere Person handelt, ist offen.

---

[205] FloNo.:59435 Aufbau Wien 05.04.1946 S.34

F4: Webereisaal bei Salzmann & Co. – Oederan um 1910
© Erhard Scherpf – Quelle: Firmenkalender von 1910

F5: Überlebende des Lagers Oederan auf dem Gelände der ehemaligen Textilfabrik Erwin Kabis GmbH – Sept. 2000
© Michael Düsing – Quelle: *Wir waren zum Tode bestimmt* 115

Teil 2: Personen im Lagerumfeld
Wachpersonal, Belegschaft und Bevölkerung

2.1 Das Oederaner Wachpersonal

Die Oederaner Wachmannschaft bestand anfänglich aus einigen wenigen SS-Aufseherinnen, deren Zahl nach und nach auf eine Stärke von bis zu 33 Personen aufgestockt wurde. Sie unterstanden dem Lagerkommandanten SS-Oberscharführer Eggers, sowie der Oberaufseherin Dora Lange. Im Dezember 1944 soll Dora Lange durch Gertrud Weniger als Oberaufseherin des Lagers abgelöst worden sein. Laut Stärkemeldung des HSSPF Oberabschnitt Elbe[206] ist folgende Entwicklung der Wachmannschaft für das Jahr 1945 dokumentiert:

Stichtag	SS-Angehörige versch. Ranges Hoher, mittlerer, niederer Rang			Aufseherinnen
31.01.1945	0	1	0	27
28.02.1945	0	1	0	27
31.03.1945	0	1	0	33

2.1.1 Das männliche Wachpersonal

2.1.1.1 Kommandant SS-Oberscharführer Eggers

Der Lagerkommandant des Flossenbürger Außenlagers Oederan war ein gewisser Oberscharführer Eggers. Seine genauen Personalien konnten im Rahmen der Ludwigsburger Ermittlungen nicht festgestellt werden. Er konnte aber im Rahmen der Recherchen im unvollständig und verstreut überlieferten Schriftverkehr des Lagers explizit erstmals am 13. Januar 1945 nachgewiesen werden[207]. Am 13. April 1945 wird Eggers in einer Arbeitseinsatzliste des KZ Flossenbürg immer noch als Lagerkommandant geführt. Er dürfte daher auch den Evakuierungs-

---

206 Stärkemeldung im Dienstbereich HSSPF Oberabschnitt Elbe. ITS Arolsen
207 Barch B 162 / 25631 S.177 Schreiben der Kommandantur Flossenbürg

88

transport nach Theresienstadt begleitet haben. Wahrscheinlich war Eggers bereits seit Eröffnung des Oederaner Lagers dortiger Kommandoführer. Nach derzeitigem Kenntnisstand spricht jedenfalls nichts für einen Funktionärswechsel.

In den Aufstellungen der SS-Wachmannschaften und Häftlinge der Arbeitskommandos im Dienstbereich des Oberabschnitts Elbe wird für die männliche Wachmannschaft des Lagers Oederan durchgängig[208] lediglich ein Kommandant und keine sonstige männliche Wachmannschaft genannt, während sich die Zahl der Aufseherinnen und der Häftlinge kontinuierlich ändert. Möglicherweise wurde daher die männliche Wachmannschaft des Lagers, die es laut Aussagen einiger Häftlinge gegeben haben soll, nicht von der SS gestellt. Dies könnte auch erklären, warum die Jüdinnen von Volks- oder Landsturm und Hitlerjugend berichten, von denen sie zu Beginn ihrer Evakuierung zum Oederaner Bahnhof eskortiert worden sein sollen[209]. Weiterführende Hinweise sind erwünscht.

2.1.1.2 Aussagen über das übrige männliche Wachpersonal

Mina C.:

> „In der Fabrik wurden wir von den Aufseherinnen bewacht. Auf dem Wege zur Fabrik wurden wir auch von Männern bewacht."[210]

Bella B.:

> „Das Bewachungspersonal bestand aus SS-Aufseherinnen, etwa acht bis zehn an der Zahl und vier bis fünf SS-Wachmänner[211]. Von den SS-Männern haben wir allerdings nicht viel gesehen. Sie kamen ab und zu zur Inspektion in

---

[208] 31. Januar, 28. Februar, 31. März
[209] Vgl. Grete Salus und auch Chanita Moses zur Ankunft in Oederan
[210] Barch B 162 / 25631 S. 101 VP Mina C.
[211] Gesamtzahl wird unterschätzt oder es sind Personen im Dienst gemeint.

unsere Arbeitsräume. Wir arbeiteten in einer etwa 15 Minuten vom Lager entfernten Fabrik. Es wurde Munition dort hergestellt. Auf dem Weg zur und von der Fabrik und bei der Arbeit, wurden wir von SS-Aufseherinnen bewacht. Die Namen der SS-Männer waren mir auch damals nicht bekannt."[212]

Rosa D.:

„Es gab auch SS-Männer. [...] Von den SS-Leuten wurden wir vom Lager zur Arbeit begleitet. [...] Die mir vorgehaltenen Namen der SS-Männer Lange[213] und Eggers sind mir nicht bekannt, jedenfalls kann ich mich nicht an sie erinnern."[214]

Jean D.:

„Auch die Namen der SS-Leute Lange[215] und Eggers, die Kommandoführer gewesen sein sollen, sagen mir nichts. Während der Zählappelle, die täglich zweimal stattfanden, habe ich SS-Offiziere gesehen. Ob diese Leute während der übrigen Zeit im Büro des Lagers waren, weiß ich nicht. Es ist auch möglich, dass sie von außerhalb des Lagers gekommen waren.[216]

Dokumentarische Belege für eine männliche Oederaner Wachmannschaft waren bislang nicht anderweitig zu finden. Im Rahmen der Ludwigsburger Ermittlungen wurde die genaue Identität des Lagerführers nicht festgestellt. Das Verfahren gegen den Kommandoführer und andere mögliche Tatverdächtige wurde daher am 8. September 1970 mit folgendem Schlussvermerk eingestellt:

---

[212] Barch B 162 / 25631 S. 89 VP Bella B.

[213] Wahrscheinlich Oberaufseherin Dora Lange gemeint. Ermittlungsfehler

[214] Barch B 162 / 25631 S. 111 VP Rose D. Die Zeugin erinnert Dora Lange.

[215] Hier ist wohl Oberaufseherin Dora Lange gemeint.

[216] Barch B 162 / 25631 S. 73 VP Jean D.

„Im Lager und bei der Evakuierung sollen einige Frauen an Krankheit und Erschöpfung verstorben sein. Hinweise, dass der Tod auf körperliche Gewaltanwendung zurückzuführen ist, erbrachten die Ermittlungen nicht. Die Verfolgung etwaiger fahrlässiger Tötungen, wofür allerdings nach dem Ergebnis der Ermittlungen keine Anhaltspunkte gegeben sind, kommt infolge Verfolgungsverjährung nicht mehr in Betracht. Da nicht zu erwarten steht, dass weitere systematische Ermittlungen zu anderen Ergebnissen führen, gelten diese als abgeschlossen."[217]

2.1.2 Das weibliche Wachpersonal

Die meisten ehemaligen Oederaner SS-Aufseherinnen sind bereits namentlich bekannt. Sie wurden mehrheitlich aus der Belegschaft der DKK in Oederan rekrutiert und wohl größtenteils unter Druck zu der Aufseherinnentätigkeit dienstverpflichtet. Sie wurden eigens zur Ausbildung für den Wachdienst auf Lehrgang ins Flossenbürger Außen- und Ausbildungslager in Holleischen geschickt. Dies geschah in mindestens zwei verschiedenen Schüben. Zunächst konnte die DKK nicht genügend Frauen für diese Ausbildung stellen, da die Frauen zwischen 21 und 45 Jahre alt und möglichst kinderlos sein mussten. Daher beenden am 5. September 1944 nur fünf Frauen den ersten Ausbildungslehrgang. Als Oberaufseherin wird Dora Lange eingesetzt, die aber zunächst bis zum 18. September Heiratsurlaub erhält. Demnach können für die Ankunft des ersten etwa 100-köpfigen Häftlingstransportes derzeit nur 4 diensttuende SS-Aufseherinnen belegt werden. Bevor allerdings der zweite Häftlingstransport eintrifft, wird die Zahl der Aufseherinnen in Oederan durch Verstärkung aus Ravensbrück und die Beendigung eines zweiten Lehrgangs in Holleischen um 17 Personen aufgestockt. Bei dem zweiten dreiwöchigen Lehrgang mit Frauen aus Oederan vom 8. bis 27. September wurden auch die ersten Aufseherinnen für das DKK-KZ-Lager in Wilischthal

---

[217] Barch B 162 / 25631 S.162

91

ausgebildet. Auch diese Frauen waren aus der eigenen Belegschaft der Deutsche[n] Kühl- und Kraftmaschinen GmbH rekrutiert und größtenteils zwangsverpflichtet worden.

Später werden dann einzelne Aufseherinnen durch oder von anderen Flossenbürger Außenlagern abgezogen, sodass eine gewisse Fluktuation im Wachpersonal herrschte.
Wann genau die neue Oberaufseherin, die vor Oederan bereits in Auschwitz und einem KZ in Holland Dienst getan haben soll, in Oederan eintrifft, war bislang nicht zu bestimmen. Im Schriftverkehr des Lagers ist sie das erste Mal am 27.12.1944 nachzuweisen. Der Anstieg der Oederaner Aufseherinnen im März 1945 von 27 auf 33 Aufseherinnen, kann bislang nicht anderweitig belegt werden.

Aufseherin	Geburt	Geburtsort etc.	Lehrgang	Dienstzeit
SS-Guard	*Birthdate* *DDMMYY*	*Birthplace*	*Place/Durat.* *of Training*	*Duty at* *Oederan*
Oberaufseherin Lange, Dora [>Strauß]	08.06.22	Oederan [Heiratsurlaub]	Holleischen bis 05.09.44	18.09.44
Oberaufseherin Weniger, Gertrud		[Lebenslauf]	Auschwitz?	Spätestens 27.12.44 bis m. 03.04.45
Aufseherin Rudolph, Lieselotte	23.03.22		Holleischen bis 05.09.44	05.09.44
Aufseherin Seidel, Charlotte	12.10.20		Holleischen bis 05.09.44	05.09.44
Aufseherin Thomas, Charlotte	05.12.15	Lud. Blatt 111 Küche Kleidermagazin	Holleischen bis 05.09.44	05.09.44
Aufseherin Heinrich, Käthe	01.02.20		Holleischen bis 05.09.44	05.09.44
Aufseherin Grande, Margarethe	28.12.21	Markersdorf Chemnitztal [Lichtbilder]	Ravensbrück 16.08.44 bis 21.09.44	21.09.44
Aufseherin Dickert, Anna	13.10.20		Holleischen 08.09.44 bis 27.09.44	27.09.44

92

Aufseherin	Geburt	Geburtsort	Lehrgang	Dienstzeit
Aufseherin Haubold, Elsa	22.03.09		Holleischen 08.09.44 bis 27.09.44	27.09.44
Aufseherin Helke, Erna	06.01.23		Holleischen 08.09.44 bis 27.09.44	27.09.44
Aufseherin Kronmüller, Elfriede	16.05.15	[Heimschläfer]	Holleischen 08.09.44 bis 27.09.44	27.09.44
Aufseherin Kühn, Lucia	21.06.09	[Lichtbilder]	Holleischen 08.09.44 bis 27.09.44	27.09.44
Aufseherin Rudolph, Gerda	30.06.19	Falkenau	Holleischen 08.09.44 bis 27.09.44	27.09.44 bis ,05.01.45' > Neu Rohlau
Aufseherin Seifert, Else	08.05.13		Holleischen 08.09.44 bis 27.09.44	27.09.44
Aufseherin Steinert, Marga	31.10.23		Holleischen 08.09.44 bis 27.09.44	27.09.44
Aufseherin Uhlmann, Irma	03.08.20		Holleischen 08.09.44 bis 27.09.44	27.09.44
Aufseherin Werner, Edith	10.04.23		Holleischen 08.09.44 bis 27.09.44	27.09.44
Aufseherin Kästner, Hildegard	20.10.14		Holleischen 08.09.44 bis 27.09.44	27.09.44
Aufseherin Örtel, Gerda	31.10.14	[Unfallanzeige]	Holleischen 08.09.44 bis 27.09.44	27.09.44
Aufseherin Scheunert, Gertrud	05.12.18		Holleischen 08.09.44 bis 27.09.44	27.09.44
Aufseherin Weissflog, Marie	23.05.15		Holleischen 08.09.44 bis 27.09.44	27.09.44
Aufseherin Ziegler, Theresia	09.11.06		Holleischen 08.09.44 bis 27.09.44	27.09.44

93

Aufseherin	Geburt	Geburtsort	Lehrgang	Dienstzeit
Aufseherin Heider, Gertrud	23.08.20		Holleischen 08.09.44 bis 27.09.44	27.09.44
Aufseherin Scholle, Ida	10.04.09		Wolkenburg bis 26.12.44	27.12.44
Aufseherin Unglaub, Luise	02.07.10	[Ausweis]	Wolkenburg bis 26.12.44	27.12.44
Aufseherin Schienabeck, Sophie [Sofie]	05.05.21	[Sonderurlaub] [Entlassungs-gesuch Februar]	Wolkenburg bis 26.12.44	27.12.44
Aufseherin Jankowsky, Christel	25.12.19	1954 zum Tode verurteilt; 1955 lebenslänglich	Neu Rohlau bis ,10.01.45'	11.01.45
Aufseherin Lindner,???		[Lebenslauf]		Spätestens 23.01.45
Aufseherin Hegewald, Elfriede		[vgl. Feuerwehr Schriftwechsel] [Heimschläfer]		Spätestens 09.12.44
Aufseherin Förster,???		[Heimschläfer]		Spätestens 23.03.45
Aufseherin Leiber[t], [Hildegard]	07.09.07???	Birkenwerder???	Auschwitz Oederan	

2.1.2.1 Aussagen über die Oberaufseherinnen in Oederan

„Die erste Zeit in Oederan glich einem Gefängnisaufenthalt", berichtet Sara Honigman weiter. „Ein- oder zweimal in der Woche bekamen wir warmes Wasser zum Waschen. Wir aßen an Tischen. Später, unter der zweiten Aufseherin, mussten wir sonntags mit eiskaltem Wasser den Speisesaal putzen. Wir haben gelacht und die Arbeit getan. Die Oberaufseherin war darüber sehr böse, wir hingegen waren zufrieden" Die erste Oberaufseherin, die mit Vornamen Dora hieß, habe zwar viel geschrieen, aber durchaus menschliche Züge gezeigt. Im Dezember 1944 wurde sie von Gertrud Weniger abgelöst, die zuvor zum Wachpersonal in Auschwitz gehört hatte. Sie sei brutal und unmenschlich gewesen, nicht zu vergleichen mit Dora. „Einmal bekam ich von der Oberaufseherin eine solche Ohrfeige, dass eine Freundin, die neben mir stand, zu Boden

94

fiel", schildert Sara Honigman. „Aus Stoffetzen, die wir aus Auschwitz hatten, hatten wir uns Kleider genäht. Bei einer persönlichen Kontrolle fragte diese Aufseherin mich, woher ich das Kleid habe, und als ich der Wahrheit entsprechend antwortete: ‚Aus Auschwitz', schrie sie: ‚Du lügst!', und es setzte eine Ohrfeige. Einer anderen Frau hat die Oberaufseherin sogar einmal einen Zahn ausgeschlagen." Glimpflich ging ein anderes Erlebnis aus, das Frau Honigman erinnert: „Um die geschorenen Köpfe zu bedecken, stellten wir uns Kopftücher aus Putzlappen her. Nicht lang darauf erging der Befehl, dass Kopftücher nur dann getragen werden dürften, wenn sie den gesamten Kopf – ähnlich den Gewändern von Nonnen – einhüllten. Eine unserer Häftlingskameradinnen machte uns während des Zählappells vor, wie das aussehen würde. Die Situation war so tragisch-komisch, dass die Aufseherin – Dora – und wir alle zusammen lachten. Es gab keine Strafe und der Befehl wurde zurückgenommen." Anders erging es einer Freundin[218] von Frau Werebejczyk [...].
„Hana war sehr schön. Sie hatte das Glück gehabt, dass ihr in Auschwitz das Haar nicht kahl rasiert, sondern nur kurz geschoren worden war. Wenn einem Mädchen ganz kurzes, aber doch etwas Haar am Kopf blieb, war sie eine schöne Ausnahme unter den kahlen ‚Affen'. So ging es Hana, und die Männer in der Fabrik reagierten sofort. Als das die Oberaufseherin bemerkte, kam sie sofort und wollte sie ‚hässlich' machen. Sie scherte Hanas Augenwimpern, rasierte die Augenbrauen ab und verletzte dabei Hanas Gesicht schwer. Sie wollte ihr auch den Kopf kahl scheren, aber die russische Ärztin, die dabei war, setzte sich für Hana ein. So blieb ihr wenigstens das kurz geschorene Haar."[219]

„Außerdem befand sich – laut Aussage der Zeugin Werebejczyk – noch eine Oberaufseherin in Oederan. Auch der Name dieser ist der Zeugin nicht bekannt. Sie beschreibt sie wie folgt:
<u>Personenbeschreibung:</u> etwa 30 Jahre alt, groß, schlank, hatte ein längliches, pferdeähnliches Gesicht."[220]

---

[218] Hana Propper. Sie ist am 18. Januar 2002 in Prag verstorben
[219] Düsing S.105f.
[220] Barch, B 162 / 25631 S.53 - Zwischenbericht Nr. 2 [Protokoll in Polnisch]

Weitere Misshandlungen durch die Oberaufseherin[nen]:

Lillian S.:

„Wir hatten eine Oberaufseherin, die das Lager leitete. Es war nicht die ganze Zeit dieselbe Oberaufseherin. Ich erinnere mich daran deswegen, weil wir die erste[221] lieber mochten als die zweite[222]. Die zweite war eine sehr gutaussehende Frau mit einem strengen Gesicht. Sie lächelte sehr selten. Ich kann mich noch an ihr Gesicht erinnern. Ich kann nicht mehr sagen, ob sie groß oder klein war. Jedenfalls war sie nicht besonders klein. Ich erinnere mich an sie, weil sie einmal eine Freundin von mir, die neben mir stand, in den Mund geschlagen hat. Das war gleich am Anfang, als sie neu ins Lager kam. Wir sollten uns von einem Haufen Kleider aussuchen. Dabei entstand ein großes Gedränge. Die Oberaufseherin hatte wohl nichts persönlich gegen meine Freundin. Meine Freundin stand nur zufälligerweise gerade in ihrer Nähe. Deswegen schlug sie ihr mit aller Kraft in das Gesicht, um Ordnung zu schaffen. Von diesem Zeitpunkt an hatten wir große Angst vor ihr. Sie hat sonst aber keine Mädchen geschlagen, jedenfalls weiß ich davon nichts."[223]

Jean D.:

„Ich besinne mich besonders auf die „Hauptaufseherin". Sie war ziemlich groß und hatte ein längliches, grobes Gesicht und eine grünliche Gesichtsfarbe. Ich meine damit, dass sie ganz besonders blass aussah. Diese Frau war sehr grausam und schlug alle Gefangenen grundlos sehr heftig. Ich selbst litt damals unter Krampfanfällen, die zur Folge hatten, dass ich manchmal ohnmächtig zu Boden sank. In diesem Zustand hat die Hauptaufseherin mich öfter zusammengeschlagen. Bei einer dieser Gelegenheiten hat sie mir mehrere Vorderzähne ausgeschlagen. Die anderen Aufseherinnen waren weniger schlimm. Ich kann mich nicht auf die Namen der Aufseherinnen besinnen."[224]

---

[221] Dora Lange
[222] Gertrud Weniger
[223] Barch B 162 / 25631 S. 115 VP Lillian S.
[224] Barch B 162 / 25631 S. 73 VP Jean D.

Grete Salus:

> „Mir begegnete sie [die Oberaufseherin] einmal, als ich allein
> ohne Begleitung Wasser holte. Ein Appell der Aufseherinnen,
> Bestrafung der Verantwortlichen, Entzug einiger freier Sonn-
> tage war das Resultat. Nach so einem Verfahren hatten wir es
> dann immer mit feindlichen Aufseherinnen zu tun und wir
> mussten für einige Zeit alle unsere Unternehmungen einstell-
> en. Solche Appelle bestanden immer darin, den Aufseherinnen
> ins Gedächtnis zu rufen, wer wir eigentlich seien und wenn
> wir auch nicht zeigten, was wir wirklich dachten, hegten wir
> doch hinter der harmlosen Fassade nichts wie Mord- und
> Fluchtgedanken."[225]

Außerdem weiß Grete Salus noch zu berichten:

> „Den Höhepunkt unserer Freude erreichten wir, als eines
> Tages unsere Oberaufseherin verreiste. Sie fuhr in ihre
> Heimat, nach Schlesien, um ihre dort lebenden Eltern vor den
> anrückenden Russen zu retten. Vorher versuchte sie stunden-
> lang mit ihrer Schwester[226], Aufseherin in Auschwitz, in tele-
> fonische Verbindung zu kommen. Sie bekam sie nicht mehr,
> Auschwitz schwieg. Die Wogen unserer Begeisterung schlu-
> gen immer höher und höher. Wir hatten unserer lieben Ober-
> aufseherin bereits „Lebewohl auf Nimmerwiedersehen" ge-
> sagt. Mit ihrer Abreise lockerte sich auch die Disziplin unter
> den Aufseherinnen, und wir erlebten herrliche Zeiten. [...]
> Die schlimmste Prüfung für unsere seelische Widerstandskraft
> kam, als die Oberaufseherin zurückkehrte. Sie kam zwar ohne
> Eltern, die sie nicht mehr erreichen konnte, aber ihre Bös-
> artigkeit war ungebrochen und sammelte sich an zu drohenden
> Gewittern, vor denen wir zitterten. Es kam eine böse Zeit."[227]

---

[225] Grete Salus. Niemand, nichts – ein Jude. S.67f.
[226] Diese Person wurde bislang nicht identifiziert. Im KZ Ravensbrück gab es
eine SS-Aufseherin namens Anna Weniger.
[227] Grete Salus. Niemand, nichts – ein Jude. S.69ff.

2.1.2.2 Die übrigen SS-Aufseherinnen

Rose D.:

„Wir wurden von SS-Frauen bewacht.[...]Eine der Aufseherinnen hieß Dora Lange[228]. Die Oberaufseherin hieß Gertrud Winniger [sic!][229]. Die Bepflegerin hieß Pomas [sic!][230]. Ihre Aufgabe war es, uns Kleidung herauszugeben."[231]

Grete Salus:

„Die Oberaufseherin führte ein strenges Regime auch unter ihren eigenen Leuten, den ihr untergebenen Aufseherinnen. Die letzteren behaupteten, und dies besonders als es schon langsam zu Ende ging, unter Zwang SS-Aufseherinnen geworden zu sein.[232] Die Oberaufseherin nannten sie voll zitternder Angst „die Alte". Die Alte war 22 Jahre alt[233], die anderen so zwischen 20 und 28 Jahren[234]. Es gab für die 500 Häftlinge 30 Aufseherinnen[235]. Sie rekrutierten sich meist aus gewesenen Arbeiterinnen der beiden Oederaner Fabriken. Vor allem lockten sie die viel besseren Lebensbedingungen bei der SS. Sie hatten neben den Höchstzuteilungen an Nahrungsmitteln noch Sonderzulagen. Das Ausschlaggebende aber war eine gewisse Machtposition, die sie sich nie hätten träumen lassen. Wir waren ihre Dienstboten, die Blitzableiter für alle ihre primitiven Instinkte. Sie ließen sich gerne erzählen, was die oder jene früher gewesen, denn diese Umkehrung der Machtverhältnisse war ein besonderer Kitzel für ihre kleinen Gehirne.[236] Solche Außenkommandos, wie das unsere, gab es

---

[228] zunächst Oberaufseherin, später wohl einfache Aufseherin – siehe oben
[229] Gertrud Weniger
[230] Wahrscheinlich Charlotte Thomas.
[231] Barch B 162 / 25631 S. 111 VP Rose D.
[232] Das trifft wohl auf die Mehrheit der Oederaner Aufseherinnen auch zu.
[233] Das Alter Gertrud Wenigers ist nicht bekannt. Dora Lange *1922
[234] vgl. obige Tabelle: Es gab auch einige ältere Aufseherinnen.
[235] Anfangs weniger, dann 27 und später 33 [laut Stärkemeldung des Dienstbereichs Oberabschnitt Elbe]
[236] Das ist lediglich eine individuelle Interpretation der Grete Salus, die möglicherweise auf einen Informationsmangel beruht und aufgrund ihrer persönlichen Leidensgeschichte verziehen werden kann.

Hunderte; sie unterstanden dem Oberkommando irgendeines Hauptkonzentrationslagers. Es kamen auch manchmal Kommissionen, aber im allgemeinen ließ man der jeweiligen Oberaufseherin ziemlich freie Hand. Offiziell wurde jedes ernstere Verfahren an das Oberkommando weitergegeben, inoffiziell aber bestimmte eine Oberaufseherin über Tod und Leben der Häftlinge.[...] Wenn eine solche Oberaufseherin heute behauptet, sie mußte laut Befehl handeln, so ist dies eine sehr billige Rechtfertigung, denn wir erlebten es, wie viel Vergnügen sie daran fand, Menschen zu quälen."[237]

Jean D.:

„Wir wurden von mehreren Aufseherinnen in grauer Uniform beaufsichtigt. Diese Frauen begleiteten uns auch zur Arbeit, blieben während der Arbeitszeit in der Fabrik und brachten uns anschließend wieder in das Lager zurück. Der Weg vom Lager zur Fabrik betrug 10 bis 15 Minuten. Wir legten ihn zu Fuß zurück."[238]

Miriam W.:

„Die Zeugin Werebejczyk erinnert sich noch an den Vornamen einer SS-Aufseherin und zwar Marille-Luise[239], die sie jedoch nicht belastet."[240]

Bella B.:

„In der dort befindlichen Munitionsfabrik wurde in zwei Schichten mit je 12 Arbeitsstunden Tag und Nacht gearbeitet. Wir standen dabei unter Aufsicht von SS-Aufseherinnen eine von ihnen war mir bereits von Auschwitz her bekannt, sie hieß soweit ich mich erinnere, Leiber[241]."[242]

---

[237] Grete Salus. Niemand, nichts– ein Jude. S.61f.

[238] Barch B 162 / 25631 S. 73 VP Jean D.

[239] bislang nicht zu belegen

[240] Barch, B 162 / 25631 S.53 - Zwischenbericht Nr. 2 [Protokoll in Polnisch]

[241] Die Ludwigsburger Ermittler vermuten, dass es sich um Hildegard Leibert aus Birkenwerder handeln könnte. Konkrete Belege dafür liegen nicht vor.

[242] Barch, B 162 / 25631 S.59 – Auszug aus einer Entschädigungsakte

Misshandlungen durch die übrigen Aufseherinnen:

Mina C.:

> „Uns war verboten, die Stube zu verlassen. Meine Schwester Regina D., die in Toronto lebt, lag damals in einem anderen Raum. Sie war sehr krank, sie hatte Gallensteine. Ich durfte sie nicht besuchen. Als ich es einmal versuchte, hat mir eine Aufseherin einen Zahn ausgeschlagen. Sie hat mich sehr geschlagen. Vor jeder Tür stand eine Aufseherin."[243]

Bella B.:

> „Von den SS-Aufseherinnen kann ich mich nur an eine gewisse Elsa[244] namentlich erinnern, die sehr brutal war und uns oft geschlagen hat. Tötungshandlungen habe ich jedoch nicht beobachtet. Auch vom Hörensagen kann ich über keine Morde berichten."[245]

2.2 Belegschaft, Zwangsarbeiter und Bevölkerung

Aussagen über Betriebsleiter und Meister:

Grete Salus vor dem Hintergrund des Falles Oskar Schindler:

> „Es war möglich zu helfen, so konnte der Betriebsleiter des jeweiligen Betriebes strikte verlangen, dass seine kostbaren Arbeitskräfte – und für ihn brauchten wir nur Arbeitskräfte zu sein – gut ernährt und behandelt wurden. Wenn einer dieser Betriebsleiter selbst auch nicht zu den überzeugten Nazis gehörte, so hatte er doch so große Angst vor der SS, dass er den Mut nicht aufbrachte, gegen die schmählichen Behandlungen ein Veto einzulegen, um so mehr, da einer dem anderen nicht trauen konnte.

---

[243] Barch B 162 / 25631 S. 101 VP Mina C.
[244] Möglicherweise Elsa Haubold oder Else Seifert.
[245] Barch B 162 / 25631 S. 89 VP Bella B.

Keiner traute keinem unter diesem Regime, sogar in der eigenen Familie herrschte das größte Misstrauen, sogar vor den eigenen Kindern mussten sie auf der Hut sein. Einmal bei einer Bettkontrolle wurde einem Teil der Maschinenarbeiterinnen – eine böse Laune der Oberaufseherin – die Kleider weggenommen, so dass die Frauen unter dem Mantel nackt zur Arbeit kamen. Das war das einzige Mal wo unser Betriebsleiter protestierte und unsere Oberaufseherin zur Rechenschaft zog."[246]

Rose D.:

„Ich kann mich auch noch an einen Mann erinnern. Ich würde ihn auf einem Bild wiedererkennen. Ich glaube, er war ein SS-Mann. Er war groß und blond, er hatte krauses Haar und blaue Augen. An seinen Rang kann ich mich nicht erinnern. Die Aufseherinnen haben Montur getragen, er trug Zivilkleidung. Er trug immer ein weißes Hemd. Dieser Mann hatte einen krummen Mund, der Mund war zu einer Seite verzogen. Narben im Gesicht hatte er nicht. Dieser Mann war nur in der Fabrik. Er war so eine Art Meister. Er hat uns unsere Arbeit gezeigt. Er stand mit den SS-Frauen in enger Verbindung.[...] Ich weiß nicht, wer das Lager geleitet hat. Ich hatte den Eindruck, dass der von mir beschriebene Mann über der Oberaufseherin stand."[247]

Mina C.:

„In der Fabrik gab es deutsche Meister. Ich hatte einen sehr schlechten, jungen Meister. Einmal stand meine Maschine still, es gab kein Öl. Der Meister hat mir nicht erlaubt, mich hinzusetzen. Er hat gesagt, wir sollten arbeiten, in ein paar Tagen würden wir doch alle umgebracht werden. Ich habe das den anderen Mädchen auf der Toilette erzählt. Die Mädchen haben gesagt, was hat es denn für einen Zweck dann zu arbeiten, sie sollen uns doch gleich umbringen. Die Deutschen haben uns aber geschlagen und zurück zur Arbeit getrieben."[248]

---

[246] Grete Salus. Niemand, nichts – ein Jude. S.63
[247] Barch B 162 / 25631 S. 111 VP Rose D.
[248] Barch B 162 / 25631 S. 101f. VP Mina C.

Aussagen über die Arbeiterschaft:

Grete Salus:

„Wenn uns einer der Arbeiter in der Fabrik etwas zu essen geben wollte, so geschah das unter den größten Vorsichtsmaßregeln und war immer tragikomisch in seiner Auswirkung. Vor allem durfte es der andere Arbeiter nicht sehen – mit dem ihn sonst Freundschaft verband -, die Aufseherinnen mussten irgendwie abgelenkt werden. Und jetzt kam das Eigentliche – mit einem lachenden und einem weinenden Auge schreibe ich das – nämlich die Gabe zu finden. Mit einer Handbewegung deutete der Arbeiter auf einen Haufen Abfallbestandteile – ein Riesenhaufen war es – und jetzt begann das Suchen. Meine Kameradin und ich, die wir dann später als Ordonannzen und Lagerhalterinnen beschäftigt waren, trugen nun unter allen möglichen Vorsichtsmaßnahmen und Vortäuschungsmanövern diesen Haufen ab und zum Schluß stellte sich heraus, dass die ganze Arbeit überflüssig gewesen war, da das Stück Brot hinter dem Haufen unter einem Balken versteckt lag. Oder es wurde auf eine Maschine gedeutet. Wir suchten in allen Maschinen des Riesenfabrikraumes, um es dann gar nicht zu finden. Oft wurden wir dabei schamrot, schauten uns vielsagend an und suchten weiter, getrieben vom Hunger.

Es war meist ein Stückchen Brot, etwas Salz oder einige Kartoffeln, die wir dann noch in vier Teile teilten. Dessen ungeachtet half uns dieser Bissen für einige Stunden den Hungerschmerz zu besänftigen.

Die Angst der Freien war immer eine viel größere, als die der Häftlinge, trotzdem wir doch, dabei erwischt, eine viel größere Strafe zu gewärtigen hatten als die Spender."[249]

Neben weiteren Äußerungen zum Verhalten der Arbeiter, auch der Arbeiterinnen aus der weiterhin existierenden Leineweberei, im Kapitel über die allgemeinen Lagerbedingungen und der Einbindung in den Arbeitsprozess, erinnert Grete Salus außerdem:

---

[249] Grete Salus. Niemand, nichts – ein Jude. S.63f.

102

„Wir Oederaner Häftlinge können nichts Schlechtes von dem größeren Teil der Arbeiter sagen, hat doch oft ein Stückchen Brot aus ihren Händen uns vor dem Zusammenbrechen bewahrt. Ich will ihre Hilfsbereitschaft nicht schmälern, denn sicher war es bei einzelnen wirkliches Mitleid und Helfenwollen. Bei den meisten aber war es ein beginnendes Schuldbewusstsein, allerdings erst unter dem Drucke der Ereignisse. Sie hatten bereits das Gefühl, je schlimmer unser Los, um so ärger ihr zukünftiges Schicksal. Wir waren ihnen gleichsam Verkörperung ihrer eigenen Zukunft. Es dämmerte langsam in ihren vermauerten Gehirnen, dass es doch so etwas geben könnte, wie eine ausgleichende Gerechtigkeit. [...] Ich hätte gern all diese Arbeiter zu einer Zeit gesehen, wo sie noch erfolgreich waren und der nationalsozialistische Himmel alle seine Segnungen über sie ausschüttete. Da wäre ihre heutige Haltung von uns als Heldentat gefeiert worden, unter diesen Begleiterscheinungen aber, kommentiert durch Randbemerkungen, entwertete sich ihre Hilfsbereitschaft. Ich selbst aber erlebte das Wunder echter Hilfsbereitschaft. Eine kleine, arme Arbeiterin, Else Schrötter, nahm sich meiner an und half mir aufopferungsvoll, wo es nur eben ging. Sie selbst hatte sicher nicht viel zu essen und teilte noch das Wenige mit mir."[250]

Aussagen über Zwangsarbeiter:

Jean D.:

„In dem Lager in Oederan, in dem ich mich befand, waren nur Frauen untergebracht. Ich glaube mich zu erinnern, dass es in Oederan auch ein Männerlager gab, das jedoch von unserem Lager getrennt war. [...] Ich glaube mich zu erinnern, dass in dieser Fabrik nach einiger Zeit auch italienische Häftlinge (Männer) eingesetzt waren. Ich weiß nicht genau, wo sie untergebracht waren."[251]

Auch zu diesen italienischen und kroatischen Zwangsarbeitern entwickelten sich gegenseitige Beziehungen. [Vgl. Salus S.55]

---

[250] Grete Salus. Niemand, nichts – ein Jude. S.66
[251] Barch B 162 / 25631 S. 72f. VP Jean D.

Teil 3: Stationen der Deportation
Häftlingsüberstellungen und Transporte

3.1 Der 1. Transport vom 12.09.1944

3.1.1 Die ungarischen Jüdinnen

67[252] Frauen und Mädchen sind für den Oederaner Gründungstransport im Flossenbürger Nummernbuch als *ungarische Jüdinnen* registriert. Sie wurden aus unterschiedlichen Regionen zunächst zwischen 15. Mai und 30. Juni 1944 ins Durchgangslager Auschwitz-Birkenau deportiert und dort zum Teil Arbeitstransporten ins KZ Krakau-Plaszow eingereiht. Von dort gelangen einige im Zuge der Liquidierung Plaszows wieder zurück nach Auschwitz und werden schließlich von Birkenau auf Arbeitstransport nach Oederan geschickt.

Eva K. berichtet am 4. Juli 1945 nach ihrer Rückkehr in Ungarn:

„In meinem Geburts- und ständigen Wohnort Dunaszerdahely, einer Großgemeinde, wohnten etwa 10.000 Seelen, von denen die Hälfte Juden waren. Sie oblagen zumeist dem Handel und Gewerbe und lebten so ziemlich in Wohlstand. Die Gettoverordnung trat in Dunaszerdahely im April 1944 in Kraft, so zwar, dass zuerst fünf kleinere Gassen bestimmt wurden, in denen die Juden wohnen mussten. Aus den fünf Gassen wurden später drei und schließlich mussten alle Juden in ihren Tempel ziehen, der als ihr alleiniger Aufenthalts- und Wohnort festgesetzt wurde. Der Raum wäre unzureichend gewesen, auch wenn es sich nur um die Juden von Dunaszerdahely gehandelt hätte; nun muss aber bemerkt werden, dass in Dunaszerdahely die Juden nicht nur dieser Gemeinde, sondern auch der ganzen näheren Umgebung konzentriert waren, die nun alle im Tempel Aufnahme finden mussten. So herrschte denn eine furchtbare Raumnot, die den ständigen Aufenthalt im Tempel zur wahren Qual machten. Eines Vormittages erschien im Tempel ein deutscher Offizier und verkündete,

---

[252] Vgl. ITS Dokument 129637206 und 129637207

dass die Juden von hier wegkommen werden. Tatsächlich wurden wir auch kurz darauf einwaggoniert und fuhren drei Tage und zwei Nächte, bis wir in Auschwitz ankamen. Meine Familie befand sich mit mir; sie bestand aus meiner Mutter - mein Vater war schon früher zum militärischen Arbeitsdienst eingerückt -, einem Bruder, einer Schwester und der Großmutter. Unmittelbar nach der Ankunft in Auschwitz wurden wir nach Arbeitsfähigen und -unfähigen selektiert. Ich kam zu den Arbeitsfähigen, während Großmutter und Mutter mit meinen beiden Geschwistern, dem 13jährigen Bruder und der 9jährigen Schwester, anderswohin gebracht wurden. Was mit ihnen geschehen ist und ob sie überhaupt noch am Leben sind, habe ich bis zum heutigen Tage nicht in Erfahrung bringen können."[253]

Mit großer Wahrscheinlichkeit musste Eva K. später feststellen, dass sie alle in Auschwitz vergast worden waren.
Bella B. berichtet:

„Im Frühjahr 1944 wurde in Gyöngyös/Ungarn, wo ich bei meiner Tante lebte, ein Ghetto gebildet. Das Ghetto bestand nur etwa zwei Wochen, wurde dann aufgelöst und die Insassen, zu denen auch ich gehörte, wurden über das Hauptghetto jener Gegend, Hotfon [sic! = Hatvan], nach Auschwitz verbracht. In Hotfon [Hatvan] befand ich mich auch etwa zwei Wochen. In Auschwitz kam ich in das sogenannte „Zigeunerlager". Wie lange ich dort geblieben bin, weiß ich nicht mehr, es mögen einige Wochen gewesen sein. Dann fand eine Selektion statt und ich kam mit einer Gruppe von Frauen in das Lager Plaszow bei Krakau. Dort haben wir sehr schwere Arbeiten verrichten müssen. Nach etwa drei Monaten wurde Plaszow liquidiert. Wir hörten schon von der nahenden Front Schüsse. Die Insassen, soweit sie gesund waren, wurden zurück nach Auschwitz transportiert. Ich kam in den Block B 2 in Birkenau."[254]

[253] DEGOB-Protokoll 958 vom 04.07.1945
[254] Barch B 162 / 25631 S. 88 VP Bella B.

Als Ausgangspunkte der Deportationen können neben den Ghettos Dunaszerdahely [= Dunajska Streda], Gyöngyös und Hatvan [s.o] außerdem Mateszalka[255] und Lucenec [Losonc][256], nachgewiesen werden. Größere Oederaner Häftlingsgruppen kamen aus dem Ghetto Komarnó [Komarom][257], in das auch die Frauen aus Nagymagyer [= Nagymegyer = Velky Meder] deportiert worden waren. Neben diesen etwa 20 Häftlingen wurden etwa 10 Frauen aus dem Ghetto Tornalya [Tornal'a] nach Auschwitz verschleppt und mindestens 10 weitere Häftlinge aus Balkany und Nagykallo über das Ghetto Nyiregyhaza[258]. Etliche der Herkunftsstädte liegen heute auf südslowakischem Territorium, waren aber durch den ersten Wiener Schiedsspruch von 1938 bis 1945 an Ungarn gefallen.

In Auschwitz wurden den ungarischen Jüdinnen an den folgenden Tagen ihre Häftlingsnummern tätowiert.

Datum	Häftlingsnummernbereich	Anzahl
08.08.1944	A-17194 bis A-18141	15
10.08.1944	A-18747 bis A-20670	18
11.08.1944	A-21591 bis A-22905	29
12.08.1944	A-23805 bis A-23867	5

3.1.2 Die polnischen Jüdinnen

Neben den 67 ungarischen Jüdinnen gelangen weitere 33[259] polnische Jüdinnen im August 1944 aus dem KZ-Krakau-Plaszow ins KZ Auschwitz-Birkenau. Aus ihrer Gruppe liegen bislang keine Berichte vor, wohl aber einige Interviews für die

---

[255] FloNo.: 59173 – SVHF 6962
[256] FloNo.: 59193 – SVHF 35937 – Plaszow in der Suchmaske nicht erwähnt
[257] FloNo.: 59269 – SVHF 48468, FloNo.: 59390 – SVHF 21586
      FloNo.: 59391 – SVHF 23026
[258] PoT YV für Eva Wertheimer FloNo.: 59443 [='Nyredhaza'] vgl. SVHF
[259] Rachela Feuerstein [FloNo.: 59206] ist allerdings als tschechische Jüdin registriert. Dafür die Ungarin Magda Reichmann [vgl. FloNo.: 59374] fälschlicherweise als Polin.

Shoah Visual History Foundation. Anhand der ausgewerteten Quellen kann demnach festgestellt werden, dass die polnischen Oederaner Jüdinnen auch aus den Ghettos Tarnow[260] und Drohobyz[261] nach Krakau-Plaszow überstellt worden waren. Weitere Ghettos sind bislang nicht völlig auszuschließen. Die Herkunftsorte Krakau, Tarnow und Drohobyz decken jedoch bereits die Mehrheit der entsprechenden polnischen Jüdinnen ab. Todesfälle aus dem Oederaner Gründungstransport sind bislang nicht bekannt. Alle Frauen konnten als befreit in Theresienstadt belegt werden. Auch die Polinnen bekamen im Auschwitzer Durchganglager zwischen dem 8. und 12. August 1944 Häftlingsnummern aus folgenden Bereichen tätowiert.

Datum	Häftlingsnummernbereich	Anzahl
08.08.1944	A-17573 bis A-17586	4
10.08.1944	A-19282 bis A-19780	11
11.08.1944	A-21481 bis A-22226	17
12.08.1944	A-23994	1

3.1.3 Die russische Häftlingsärztin

Die russische Häftlingsärztin Zinaida Makarowa[262] wurde als Funktionshäftling dem Transport in Auschwitz speziell zugeteilt. Über ihre Deportationsherkunft und den eigentlichen Haftgrund liegen bislang keine Informationen vor. In Auschwitz erhielt sie die Häftlingsnummer 77347, die laut Danuta Czech dort im April/spätestens Anfang Mai 1944 vergeben worden sein dürfte.

---

[260] FloNo.: 59257 – SVHF 1892, FloNo.: 59206 – SVHF 2737
    FloNo.: 59171 – SVHF 34404
[261] FloNo.: 59382 – SVHF 5539
[262] FloNo.: 59330 *24.10.1905 Worosilovsk

3.2 Der 2. Transport vom 09.10.1944

3.2.1 Die polnischen Jüdinnen

Der zweite Oederaner Häftlingstransport ist in den Flossenbürger Nummernbüchern weitestgehend ohne Angabe entsprechender Nationalitäten registriert. Da meist nur der ersten Person auf einer Seite eine Nationalität zugeordnet wird, könnte man das aufgrund des homogenen Transportes als *fortgeschriebene Nationalität* interpretieren, auch wenn die „Gänsefüßchen" explizit fehlen. Nach dieser Interpretation wären 199 Häftlinge als polniche Jüdinnen und eine Person fälschlicherweise als slowakische Jüdin[263] registriert. Dies entspricht auch weitestgehend den in den Lagerbüchern angegebenen Geburts- bzw. letzten Wohnorten. Ausnahmen bilden nur die ungarische Häftlingsärztin und jeweils eine deutsche, österreichische und tschechische Jüdin[264], die aber wie die polnischen Mithäftlinge seit 1941 im Ghetto Lodz leben mussten. Von dort werden sie im August und September 1944 nach Auschwitz deportiert.

> „Am 9. August 1944 begann die SS mit der Liquidierung des Lódzer Ghettos. Bis zum 3. September 1944 liefen ununterbrochen Todestransporte in das Vernichtungslager Auschwitz-Birkenau. Mit einem solchen Transport wurden auch Miriam und Sara mit ihren Familien deportiert. In tagelangen Selektionen wurde die Mehrheit ins Gas geschickt. Miriams Vater, damals 62 Jahre alt, und ihr Schwager gehörten zu jenen, die nicht überlebten. Am 28. August 1944, dem Tag des Abtransports, wurde auch Saras Vater von seiner Familie getrennt. Sara sah ihn nie wieder. Sara Honigman berichtet, dass die Selektionen von Mengele selbst durchgeführt wurden. Ihre Mutter gab sich als jünger aus, 34 Jahre alt, und wurde, wie Sara und Miriam, als „arbeitsfähig" ausgesondert."[265]

---

[263] FloNo.: 54551
[264] vgl. Kapitel zur Ankunft des Transportes im Oktober 1944
[265] Düsing. S.104

Mina C. gibt zu Protokoll:

„Ich war zuerst im Ghetto Lodz. Nach der Liquidierung des Ghettos im August 1944 kam ich für etwa sieben Wochen nach Auschwitz. Von dort wurde ich nach Oederan gebracht."[266]

Ihre Schwester Jean D. erinnert:

„Am 24. September 1944 wurde das Getto Lodz geräumt, und ich wurde von dort nach Auschwitz gebracht. Ich mußte 4 oder 5 Wochen in Auschwitz bleiben. Dann wurde ich zusammen mit einer Gruppe jüdischer Frauen nach Oederan transportiert"[267]

Salomea H. bezeugt:

„Ich bin in Lodz geboren und war dort auch bis zum September 1944 im Ghetto. Von dort kam ich nach Auschwitz, wo ich etwa sechs Wochen war. Von Auschwitz wurde ich nach Oederan gebracht [...] Ich kann nicht sagen, wie groß das Lager war, ich habe mich nicht dafür interessiert, es war mir gleichgültig. Ich habe nur für mein einziges Kind gesorgt, an dem ich sehr gehangen habe. Ich habe die Umgebung deswegen nicht weiter beobachtet. Ich war auch ganz abgekämpft von dem Tod meines Mannes, meines Sohnes und meiner Eltern im Ghetto Lodz. Es fällt mir sehr schwer, mich an diese Dinge zu erinnern."[268]

---

[266] Barch B 162 / 25631 S. 101 VP Mina C.
[267] Barch B 162 / 25631 S. 72 VP Jean D.
[268] Barch B 162 / 25631 S. 108 VP Salomea H.

Der Fall Erna Sostheim:

Auch die 1894 in Lippstadt geborene Erna Sostheim wurde in Theresienstadt befreit. Das in der ersten Auflage hier abgedruckte Gedenkblatt galt einer namensgleichen und im selben Jahr geborenen Leidensgefährtin, die ebenfalls im Oktober 1941 aus Düsseldorf nach Lodz deportiert worden war, wo diese verstarb.
Erna Sostheim war in den Flossenbürger Nummernbüchern mit dem „manipulierten" Geburtstag 27.07.06[269] unter der Flossenbürger Häftlingsnummer 54566 registriert und ist in Theresienstadt befreit worden.
Ihre nach dem Ersten Weltkrieg verstorbenen Eltern hatten eine Bürstenfabrik in Lippstadt besessen. Erna war die einzige Überlebende der Familie. Sie ist am 21. Januar 1975 in Israel verstorben.

---

[269] vgl. Ghetto Registratur Lodz

Der Fall Dobrowolska:

Ein zweiter Fall betrifft die Schwestern Dobrowolska aus Belchatow. Estera, Masza, Rosa, Frajdla und Hela werden alle fünf [auch Alta, die nicht in Oederan war] durch ihren ‚Onkel' Bogdan Dobrzelak aus Piotrkow, 97300 Piotrkow, Trybunalski ul. Rudnickiego 34, am 11.08.87 als Todesopfer der Shoah an die Gedenkstätte Yad Vashem gemeldet. Auch diese Meldungen können bezüglich der Oederaner Häftlinge mit den Flossenbürger Häftlingsnummern 54441 bis 54445 nicht als wahrheitsgetreu eingestuft werden. So können alle fünf Mädchen in der Datenbank ihres Befreiungsortes Theresienstadt nachgewiesen werden. Zudem liegt im United States Holocaust Memorial Museum eine weitere Information zu Masza Dobrowolska vor, die laut der Quelle Sharit Ha-Platah nach dem Krieg in England leben bzw. gelebt haben soll. Franka/Frajdla Dobrowolska, späterer Name Bank, wurde gar im Rahmen der Ludwigsburger Ermittlungen im Jahr 1970, wohnhaft in Israel, Givat Rambam, Gnesinstr. 18, vernommen. Sie meldete am 26.06.1956 ihren Vater Chaskiel/Jecheskel, ihre Mutter Marjem/Miriam und ihre kleinen Geschwister Adela, Moshe und Bela als Todesopfer an die Gedenkstätte Yad Vashem. Nach Rücksprache mit J. Hanemann, der Tochter Esteras, kam heraus, dass Bogdan Dobrzelak nur ein Bekannter der Familie war. Warum er die fünf Oederaner Mädchen als Todesopfer der Shoah meldete, konnte nicht mehr geklärt werden.[270]

---

[270] Vgl. Cziborra. Frauen im KZ. S.367

3.3 Der 3. Transport vom 30.10.1944

Der dritte Oederaner Häftlingstransport bestand größtenteils aus Theresienstädter Jüdinnen. 195 von ihnen gehörten dem Transport Et an, der am 23.10.1944 als vorletzter Konvoi das Ghetto Theresienstadt in Richtung Auschwitz-Birkenau verließ. Zwei weitere Theresienstädter Frauen, gehörten den Transporten Es und Eo an, die bereits einige Tage zuvor das Ghetto verlassen hatten. Außerdem werden dem Transport eine slowakische Kapo und zwei Ungarinnen, von denen eine Ärztin war, zugeteilt. Der Transport zählte demnach also genau 200 Frauen, die mit den am 12.09.1944 überstellten Frauen die Flossenbürger Häftlingsnummern 59153 bis 59453 erhielten.

Grete Salus, die mit ihrem Mann dem Transport Et angehörte, berichtet folgendes über die Zeit kurz vor ihrer Deportation und die Fahrt nach Auschwitz:

> „Später hatte man leichtes Spiel mit uns, wir wurden Marionetten in einem fürchterlichen Puppenspiel. Wir wurden meisterhaft in Bewegung gesetzt und gegeneinander ausgespielt. Auch die Besten von uns wurden endgültig hereingezogen in dieses frevelhafte Spiel und wir halfen selbst mit an unserem eigenen Untergang. Wie wäre es denn sonst möglich gewesen, dass wir noch im Oktober 1944 ganz ahnungslos in den Tod hineingingen. Überall wusste man schon von dem Vernichtungslager Auschwitz-Birkenau, nur wir in unserem warmen Sumpf Theresienstadt wussten von nichts. Unsere besten Jungen gingen sogar ganz frohgemut; *„Aha, sie brauchen uns für die Arbeit"* war die Rede und sie spürten bereits Morgenluft. Ja, Morgenluft, aber nicht für sie, denn die wenigsten überlebten Auschwitz. Dann gingen ihnen noch ihre Frauen nach, freiwillig und fanden dasselbe Schicksal. So gut dressiert waren wir und so wenig Arbeit machten wir unseren Peinigern.
> Als wir in die Viehwaggons hineingestoßen wurden, die Türen sich hinter uns schlossen, um sich erst wieder in Auschwitz zu öffnen, griff wohl kalte Angst nach uns und entpresste meinem Manne die Worte: „So, jetzt sind wir in der Falle". Aber schon begannen wir, uns auch dieser Situation

anzupassen, schichteten fein sorgfältig die Gepäckstücke und richteten uns häuslich ein. Ganz mechanisch, gewohnheitsmäßig taten wir das; auch in einem Waggon mit 58 Menschen und Gepäckstücken vollgepresst, mit einem Kübel zur Verrichtung der Notdurft und einem Krug voll Trinkwasser, fanden wir irgendwo Raum für unsere Körper. Wo viele Kranke und Kinder waren, gab es natürlich panikartige Stimmungen. In unserem Zuge waren viele Kranke und allein 300 elternlose Kinder. Ein kleines Mädchen, mit einer Puppe auf dem Rücken – so groß wie sie selbst – sah ich einsteigen, ein süßes winziges Ding. Wir fuhren 32 Stunden, einen Nachmittag, eine Nacht und einen Tag. Im Waggon waren zwei kleine Gucklöcher und da stand immer einer, um zu berichten, wo ungefähr wir uns befänden.[...] Wir waren tief in Schlesien, sahen Breslau, Gleiwitz an uns vorübergleiten und wussten, dass nun Birkenau nicht weit sein konnte. Es war bereits dunkel, der zweite Reisetag, und wir hatten vom Kriege noch nichts gesehen. Das machte uns so mutlos da laut Theresienstädter Rundfunk, die Russen nicht weit von Schlesien seien und wir die irrsinnige Hoffnung hegten, dass wir Birkenau vielleicht aus diesem Grund nicht mehr erreichen könnten. [...] Ein Ruck, wir hielten. An beiden Seiten des Zuges sahen wir Stacheldraht, wir waren also mitten in das Lager hineingefahren. Abgeblendete Scheinwerfer, fensterlose Baracken, keine Menschenseele, Totenstille. Wir sahen uns an, was ist das, wo sind die Menschen, alles schien uns wie ausgestorben. Es war bereits zehn Uhr nachts und wir sagten uns, dass wir wahrscheinlich noch die Nacht über in den Waggons zubringen würden und begannen uns auszuziehen und auf ein abermaliges Übernachten vorzubereiten. Da auf einmal – brach es aus der Stille. Wir hörten Waggontüren aufreißen, scharfe Befehle, ein Geschrei und Gelaufe, dass es uns kalt über den Rücken lief. Unsere Waggontür wurde aufgerissen und ein Mann in gestreiftem Anzug sprang zu uns herein, *„Gepäck und Kranke liegen lassen"* alle anderen schnell heraus, schrie er uns zu und draußen war er. Wir packten aber trotzdem unser Handgepäck und sprangen aus dem hohen Wagen. [...] *Schnell, schneller, schneller –* noch immer gellt es in meinen Ohren, dieses Wort, das uns von nun an Tag und

Nacht hetzte, vorwärtspeitschte und uns nie zur Ruhe kommen ließ."[271]

Laut Salus führte die Selektion Dr. Mengele persönlich durch.

Sie vergleicht ihn dabei mit einem liebenswürdigen, eleganten Tanzmeister, der eine Polonaise dirigiert und mit beiläufigen Gesten, in dem er nach rechts oder links zeigt, über Leben und Tod der Menschen entscheidet. Bei Danuta Czech heißt es für den 25. Oktober 1944:

„Von den mit einem Transport des RSHA aus dem Ghetto in Theresienstadt eingelieferten 1715 jüdischen Männern, Frauen und Kindern werden nach der Selektion 219 [272] Männer in die Nebenlager des KL Auschwitz eingewiesen und, wahrscheinlich, mit den Nummern B-13490 bis B-13709 gekennzeichnet; 215 Frauen werden in das Durchgangslager BIIc eingewiesen."[273]

Grete Salus erklärt:

„16 Jahre, das war die Grenze nach unten, 45 Jahre die Grenze nach oben. [...] Sonst hing eine solche Sortierung nur von einer ungefähren Schätzung ab, denn unter uns geretteten Frauen waren einige 12-[274] und 14jährige Mädchen und zwei Frauen[275] über 50 Jahre. Sie überstanden auch glücklich die zwei folgenden Selektionen, die Kinder, weil sie ziemlich entwickelt, die Frauen da sie jünger und sehr gut aussahen."[276]

Sie berichtet aber nicht ganz deckungsgleich zu Danuta Czech:

„Von unserm Transport blieben 200 überlebende Frauen in Auschwitz, demgegenüber die Zahl von nur 45 Männern. 1800 Menschen waren wir nach Auschwitz gekommen, 245

---

[271] Grete Salus. Niemand, nichts – ein Jude. S. 8ff.
[272] Der angegebene Nummernbereich spricht allerdings für 220 Männer.
[273] Danuta Czech. S.915
[274] Hana Pollaková war mit Jahrgang 1931 bei Ankunft in Oederan noch 12
[275] es waren sogar drei: Anna Schück, Gabriela Bloch und Vilma Kubátová
[276] Grete Salus. Niemand, nichts – ein Jude. S. 17

114

wurden dazu bestimmt, vorläufig, so lange Verwendung, zu leben, die anderen wurden liquidiert."[277]

Diese Zahlen sind nicht ganz korrekt. Es wurden mehr als 200 Frauen ins Durchgangslager eingewiesen. Salus spricht selbst an anderer Stelle von 214 Frauen. Diese Zahl deckt sich fast eins zu eins mit den Angaben Danuta Czechs. 195 Frauen aus dem Transport Et werden nach Oederan überstellt. In der Theresienstädter Datenbank können außerdem mindestens 10 weitere weibliche Überlebende dieser Deportation nachgewiesen werden[278]. Die Angaben Adlers, die Czech in einer Fußnote zitiert, dass nur 159 Menschen des Transportes Et die Lager überlebten, kann nach aktuellem Forschungsstand schon allein durch die Oederaner Frauen entkräftet werden. Bei den Angaben zu der Gruppe der Männer liegt allerdings auch Grete Salus falsch.

Von den Männern getrennt, müssen die Frauen sich schließlich nackt einer weiteren Selektion unterziehen, bei der einzelne weitere Frauen ausgesondert werden. Anschließend wurden sie kahlgeschoren und mit Kleidern, Holzpantinen, Strümpfen und Kopftüchern eingekleidet. Als *I a Material* laut SS-Jargon sollten sie vor Abgang in das Arbeitslager noch einmal besser eingekleidet werden.[279] Die jüdischen Frauen halten sich nur wenige Tage in Auschwitz auf. Kurz vor der Überstellung nach Oederan durchlaufen die Frauen eine weitere Selektion, bei der eine Gruppe von 214 Frauen auf 200 Personen reduziert wurde.[280] Grete Salus berichtet:

„Wir waren 200 Frauen, die in ein Arbeitslager kamen. Wir machten abermals den Weg zu dem Wächterhäuschen und diesmal wurden wir durchgelassen. Der Wind war zum Sturm angewachsen und wir froren jämmerlich. Nun kamen wir abermals in ein Bad. Nicht dasselbe wie bei unserer Ankunft, viel primitiver und sehr schmutzig. Wir mussten uns draußen

277 Grete Salus. Niemand, nichts – ein Jude. S. 17
278 Transportnummer 79, 284, 444, 581, 582, 648, 650, 725, 809, 864
279 Vgl. Grete Salus. Niemand, nichts – ein Jude. S. 19ff.
280 Grete Salus. Niemand, nichts – ein Jude. S. 43

im Gang ausziehen, auch diesmal wurde uns alles weggenommen – aber nur allzu gern warfen wir die Lumpen von uns – nur die Strümpfe mussten wir behalten. Wir standen ungefähr zwei Stunden nackt im Gange und schlugen vor Kälte die Zähne aufeinander, richtig blau gefroren waren wir. Dann durften wir endlich in den Waschraum. Es zog von allen Seiten, da alle Fenster zerbrochen waren. [...] Heißes Wasser ergoß sich auf unsere erstarrten Körper. Noch dampfend und naß mussten wir ganz in der Nähe der offenen Fenster Aufstellung nehmen, um unsere Kleider zu empfangen."[281]

Laut Flossenbürger Nummernbuch trifft der dritte Häftlingstransport am 30. Oktober 1944 in Oederan ein. Die Überstellung von Auschwitz kann nicht sicher datiert werden. Bereits am 25. Oktober, dem Ankunftstag des Theresienstädter Transportes Et, heißt es bei Danuta Czech:

„Aus dem KL Auschwitz II werden 209 weibliche Häftlinge in das KL Flossenbürg überstellt."[282]

Möglicherweise bezieht sich diese Angabe bereits auf den Transport nach Oederan, der laut Grete Salus zunächst einmal nicht mehr abgefertigt werden kann, und der letztlich noch auf ca. 200 Personen reduziert worden sein soll. Die angegebene Quelle wäre daraufhin genauer zu prüfen. Wahrscheinlich verließ der Oederaner Transport aber am 27. oder 28. Oktober Auschwitz Birkenau.

---

[281] Grete Salus. Niemand, nichts – ein Jude. S. 45
[282] Danuta Czech. S.915 – APMO, D-AuII-3°/71a, FL Stärkemeldung

116

3.3.1 Die tschechischen Jüdinnen

145 der Theresienstädter Jüdinnen sind im Flossenbürger Nummernbuch als tschechische Jüdinnen registriert. Sie wurden zwischen dem 02.12.1941[283] und dem 10.01.1944[284] ins Ghetto eingewiesen. Allerdings wurden auch drei[285] von ihnen aus Wien und zwei[286] aus dem holländischen Westerbork und damit nicht wie die anderen aus tschechischen Städten, vor allem aus Prag, nach Theresienstadt deportiert. Umgekehrt gelangten zwei[287] als *reichsdeutsche Jüdinnen* registrierte Frauen über die tschechische Hauptstadt ins Ghetto.

Während alle übrigen Frauen und Mädchen schließlich mit dem vorletzten Deportationstransport Et vom 23.10.1944 das Ghetto in Richtung Auschwitz verlassen müssen, war Anna Klein[288] bereits mit dem Transport Eo am 06.10.1944 nach Birkenau deportiert und dort dem Transport nach Oederan und der anderen Theresienstädter Gruppe angeschlossen worden.

Aus der Gruppe der Tschechinnen gab es in Oederan keine Todesopfer, wohl wurden aber zwei der tschechischen Jüdinnen, die schwanger waren, nach Bergen Belsen überstellt, was für Trude Freund[289] aus Olomouc das Todesurteil bedeutete.

---

[283] FloNo.: 59428, 59429, 59430, 59333, 59393
[284] FloNo.: 59452 Herta Wittenberg[ová] – Transport Dt Prag-Terezin
[285] FloNo.: 59222, 59373, 59435
[286] FloNo.: 59364, 59398
[287] FloNo.: 59240, 59294
[288] FloNo.: 59284 *15.02.1911
[289] FloNo.: 59218

3.3.2 Die holländischen Jüdinnen

28 Häftlinge[290] des Transportes sind als „holländische Jüdinnen"
registriert. Bei 27 Personen handelt es sich um Theresienstädter
Jüdinnen, die mit dem Transport Et vom 23.10.1944 nach
Auschwitz gelangten. Ursula Breslauer, später Chanita Moses,
wurde bereits mit dem Transport Es am 19.10.1944 nach
Birkenau deportiert. Alle wurden zu verschiedenen Zeitpunkten
im Jahr 1944 von Westerbork nach Theresienstadt überstellt.
Zwei aus Westerbork deportierte Häftlinge wurden als
tschechische und einer als reichsdeutsche Jüdin registriert. Für
die gesamte Gruppe der holländischen Jüdinnen sind Befreiungsdaten überliefert. Übersicht der Deportationstransporte:

Westerbork-Theresienstadt	Transport	HOL	CZE	RD
18.01.1944 - 20.01.1944	XXIV/2	6	-	-
- 27.01.1944	XXIV/3	2	-	-
25.02.1944 - 26.02.1944	XXIV/4	9	1	1
05.04.1944 - 07.04.1944	XXIV/5	2	1	-
31.07.1944 - 02.08.1944	XXIV/6	1	-	-
04.09.1944 - 06.09.1944	XXIV/7	8	-	-

3.3.3 Die reichsdeutschen Jüdinnen

24 Häftlinge des dritten Transportes sind als „reichsdeutsche
Jüdinnen" registriert. Auch bei dieser Gruppe handelte es sich
ausschließlich um Theresienstädter Jüdinnen des Transportes Et
vom 23.10.1944. 12 Personen wurden aus Wien deportiert, 9
werden als reichsdeutsche, 3 als tschechische Jüdinnen geführt.
6 Frauen stammen aus Berlin, 2 aus Hamburg, 2 aus Breslau und
jeweils eine aus Kassel und Nürnberg. Zwei als *reichsdeutsch*
registrierte Häftlinge wurden über Prag deportiert eine über das
holländische Westerbork. Im Einzelnen ergibt sich folgende
Übersicht:

---

[290] inklusive FloNo.: 59347 & 59348 die eigentlich ohne Angabe sind

Transport	Abgangsort	RD	CZE
05.06.1942	Berlin I/3	1	-
02.07.1942	*Prag AAl*	1	-
16.07.1942	Hamburg VI/I	2	-
14.08.1942	Wien IV/7	2	-
08.09.1942	Kassel XV/1	1	-
25.09.1942	Wien IV/11	4	1
02.10.1942	Wien IV/12	1	1
10.10.1942	Wien IV/13	2	-
09.01.1943	Wien IV/14b	-	1
26.01.1943	Berlin I/86	1	-
06.03.1943	*Prag Cv*	1	-
18.03.1943	Berlin I/90	3	-
02.04.1943	Breslau IX/4	1	-
11.06.1943	Breslau IX/5	1	-
18.06.1943	Nürnberg II/28	1	-
04.08.1943	Berlin I/100	1	-
26.02.1944	*Westerbork XXIV/4*	1	-

3.3.4 Die ungarischen Jüdinnen

Da Adriena Denes (FloNo.: 59193) und Eugena Wall (FloNo.: 59437) nicht auf der Auschwitzer Transportiste zur Überstellung vom 12. September 1944 auftauchen, dürften sie erst mit dem dritten Transport am 30. Oktober in Oederan angelangt sein. Dr. Eugenie Váll, eine gebürtige Budapesterin, die laut Theresienstädter Dokumenten aus Sopron deportiert worden ist, war Ärztin und dürfte in dieser Funktion speziell dem Transport zugeteilt worden sein. Ob Denes beispielsweise als eine Art Krankenpflegerin ebenfalls zum medizinischen Personal oder zur Rige der Funktionshäftlinge gehörte, ist unbekannt. Von ihr existiert aber ein bisher noch nicht eingesehenes Interview in slowakischer Sprache für die Shoah Visual History Foundation.

3.3.5 Die slowakische Jüdin

Eine Person des dritten Transportes ist als *slowakische Jüdin* registriert. Es handelt sich um Edith Weiss[291] aus Presov, die wohl als ehemaliger Funktionshäftling in Auschwitz dem Transport nach Oederan strafweise zugeteilt wurde. Sie war daher kein Theresienstädter Häftling und hatte Auschwitz am 28. März 1942 aus Brünn erreicht und dann die Häftlingsnummer 2429 zugeteilt bekommen. Grete Salus berichtet:

„Ein sehr gut gekleidetes Mädchen wurde in unseren Transport eingereiht. Sie weinte bitterlich. Sie weinte, weil sie von Auschwitz wegmusste. Sie war hier Blockälteste, kam strafweise in einen Arbeitstransport, hatte ihren Freund und Bruder vor kurzer Zeit ins Gas gehen sehen und weinte und weinte, weinte, weil sie von hier wegmusste. Das waren Menschen, die schon ganz vergessen hatten, dass sie jemals ein anderes Leben als das eines KZ-Häftlings geführt hatten. Sie lebten nur noch in der Gegenwart, ohne Vergangenheit, ohne Zukunft, waren nur noch Produkt des jeweiligen Lagers geworden. Sie hatten Jahre im KZ verbracht. [...] Ein solches KZ-Produkt war unsere zukünftige Lagerälteste. Sie war sicher nicht schlecht, hatte sie doch immer eine Gruppe von Mädchen um sich, denen sie wirklich half, mit denen sie alles teilte – aber dieses jahrelange Auschwitz hatte sie zu einem wunderbaren Instrument in den Händen deutscher Aufseherinnen gemacht [...] Nun, vorläufig war sie trotz besserer Kleidung und eines kleinen Köfferchens ein bangender Häftling, so wie wir alle.“[292]

Edith Weiss soll aber erst im Dezember 1944 nach Ankunft der neuen Oberaufseherin Gertrud Weniger zur Oederaner Lagerältesten ernannt worden sein. Weiss wurde in Theresienstadt befreit.

---

[291] FloNo.: 59439 *09.02.1919 [registriert 09.01.1921]
[292] Grete Salus. Niemand, nichts – ein Jude. S. 46f.

Teil 4: Statistik, Daten, Diagramme
Forschungsstand und Datenbasis

4.1 Fehlerhafte Literatur und falsche Daten

Zum Lagerstandort Oederan gab es bislang kaum historische Forschungs- oder Gedenkliteratur, die Klarheit in die Ereignisse von 1944/45 bringt. Das Wenige, was über das Flossenbürger Außenlager Oederan bis zum jetzigen Zeitpunkt erschienen ist, ist aber leider in einigen Punkten unzutreffend, und soll hier, um künftige Irrtümer zu vermeiden, ausdrücklich berichtigt werden.

I. Falsche Daten bei Brenner bzw. Düsing

Die Ausführungen Dr. Hans Brenners in der wichtigen Gedenkpublikation Dr. Michael Düsings mit dem Titel „*Wir waren zum Tode bestimmt*" sind bereits in den Basisfakten teilweise falsch. So schreibt er in dem 2002 erschienenen Band:

> „Am 12. September 1944 fuhr der erste Transport mit 301 Frauen aus zehn Nationen von Auschwitz-Birkenau nach Oederan."[293]

Dabei zieht Brenner die Ankunft der Theresienstädter Frauen wohl aufgrund der gemeinsamen Nummernvergabe in der Flossenbürger Lagerregistratur vom 30. Oktober 1944 auf den 12. September, obwohl sie sich zu diesem Zeitpunkt alle noch in Theresienstadt befanden, das sie größtenteils erst am 23. Oktober 1944 verließen. Auch die von ihm dort angegebenen Nationalitäten decken sich nicht mit den Eintragungen in den Flossenbürger Nummernbüchern. Eine sorgfältige Prüfung der Daten mit entsprechender Quellenkritik findet leider durch den promovierten Historiker nicht statt. Das Oederaner Lagergeschehen wird damit deutlich verzerrt wiedergegeben.

---

[293] Dr. Hans Brenner in Düsing. S.33

121

Auch interpretiert Dr. Brenner den Häftlingsaustausch vom 6. Januar 1945 zwischen den Außenlagern Hertine und Oederan wegen Mangel an entsprechender bzw. veralteter Informationen lediglich als eine Überstellung von Oederan nach Hertine um den „Arbeitskräfteverlust durch Tod auszugleichen"[294] Solche Verfahren sind generell für die Flossenbürger Außenlager mit weiblicher Belegung unüblich. Außerdem ist der Häftlingsaustausch durch die Flossenbürger Nummernbücher sowie entsprechende Überstellungsmeldungen dokumentarisch belegbar und wird im selben Buch sogar durch die Aussage von Sara Honigman korrekt erläutert.

Auch auf Seite 106 findet sich in dem von Dr. Michael Düsing herausgegebenen Band ein entscheidender Fehler. Basierend auf den Zeitzeugenberichten von Miriam Werebejczyk und Sara Honigman heißt es:

> „Während der Lagerzeit in Oederan starben drei Jüdinnen an TBC: Anka Cytryn (Zitrin), Irene Epstein und eine ungarische Jüdin. Für sie gibt es eine Grabanlage mit Gedenkstein auf dem Oederaner Friedhof"[295]

Zwar ist die Anzahl der in Oederan bestatteten Toten korrekt, doch wurde Irene Epstein[296] nachweislich in Theresienstadt befreit. Neben Chana Cytryn[297] starben zwei ungarische Jüdinnen. Laut Flossenbürger Nummernbuch handelte es sich bei diesen Todesfällen um Eva Wertheimer[298] und Lenke Schwarz[299]. Letztere war erst am 6. Januar 1945 aus Hertine nach Oederan gekommen.

---

[294] Dr. Hans Brenner in Düsing. S.35
[295] Düsing. S.106 & vgl. S.162
[296] FloNo.: 54515 *08.08.1923 Lodz
[297] FloNo.: 54607
[298] FloNo.: 59443
[299] FloNo.: 55113

II. Fehler in den Theresienstädter Gedenkbüchern

Auch die Datenlage bezüglich ehemaliger Oederaner Häftlinge in den Theresienstädter Gedenkbüchern ist in einigen erstaunlichen Fällen unhaltbar. Besonders überrascht darf man sein, dass gerade der berühmteste Oederaner Häftling: Grete Salus[300], die durch ihre autobiografischen Veröffentlichungen von ihrem Überleben zeugte, ganz offensichtlich fälschlicherweise 1995 immer noch [oder wieder] als Todesopfer geführt wird. Zwar ist sie im Flossenbürger Nummernbuch mit einem geschönten Geburtsdatum [22.06.1916] und als *Grete Salus* verzeichnet, während sie im Theresienstädter Gedenkbuch als *Margareta Salusová* [20.06.1907] geführt wird und in ihrer Autobiografie den 20.06.1910 als ihren Geburtstag nennt, doch sollte diese keineswegs unübliche Varianz in den Angaben, keine Ausrede für diesen peinlichen Recherchefehler darstellen. Unter den Oederaner Jüdinnen aus Theresienstadt ist Grete Salus mit der fälschlicherweise „zugeschriebenen" Opferschaft nicht allein. Auch Marianne [Marlene/Marie] Goldschmidt[301] wird im Theresienstädter Gedenkbuch der deutschen Opfer aus dem Jahr 2000 als Todesopfer geführt, obwohl ihre Befreiung im Aufbau Verlag und ihr Nachkriegsaufenthalt in Deggendorf nachgewiesen werden kann. Ähnliches gilt für Ingrid Hess[302]. Auch sie wird im Theresienstädter Gedenkbuch und im Gedenkbuch des Bundesarchivs von 2006 als Todesopfer des Holocaust genannt. Sie wurde wie ihre Mithäftlinge aus Oederan aber in Theresienstadt befreit. Dies beweist eine Schrift des Aufbau Verlages „*Rückwanderer -, Zehnte Liste*" vom 2. November 1945, in der sie auf Seite 26 mit dem Nachkriegsaufenthalt „Hessen – Nassau" geführt wird. Außerdem ist Ingrid Hess in einer Liste des United States Holocaust Memorial Museum, mit ihrem Geburtsort *Oberasphe* und dem Nachkriegsaufenthalt *Theresienstadt* nachzuweisen.[303] Dann wäre noch Mirjam Bari[304] zu

---

[300] FloNo.: 59392 *20.06.1910 Böhmisch-Trübau [registriert 22.06.16]
[301] FloNo.: 59240 *27.03.28 [registriert 1926] – TGB S.695
[302] FloNo.: 59266* 29.07.1927
[303] Quelle: Shari Ha-Platah. Online einsehbar www.ushmm.org/namesearch

nennen, ebenfalls im Theresienstädter Gedenkbuch als Todesopfer geführt, obwohl für sie entsprechende Befreiungsdaten vorliegen.[305] Selbst Renate Adler[306] wird als *verstorben während des Holocausts* geführt, trotzdem sie ein Interview [12684] für die Shoah Visual History Foundation gab. Noch lautere Lebenszeichen ehemaliger Häftlinge sind kaum zu erwarten. Oederan ist dabei kein Einzelfall.

In ähnlichem Stil werden ehemalige Freiberger Häftlinge aus Theresienstadt, als *während des Holocausts verstorben* geführt, obwohl ihr Überleben durch unterschiedlichste Dokumente, Selbstzeugnisse und Archivalien rund um den Globus nachgewiesen hätte werden können. Die falschen Daten wurden teilweise auch in andere Gedenkbücher, beispielsweise des Bundesarchivs von 2006 übernommen. Die Theresienstädter Gedenkbücher weisen damit tendenziell mehr Holocaustopfer aus, als es unter den Theresienstädter Juden wirklich gab. Die statistischen Angaben in den Gedenkbüchern sind also mit Vorsicht zu betrachten. Das Vertrauen in die Theresienstädter Daten ist jedenfalls erheblich erschüttert.

III. Unstimmige Häftlingserinnerungen

Im Rahmen der Recherchen zur Aufarbeitungsreihe *Die Außenlager des KZ Flossenbürg*, musste bereits in einigen Fällen festgestellt werden, dass die Erinnerungen einiger Häftlinge täuschen, und diese, selbst für Lager mit nachweislich niedriger Häftlingssterblichkeit, große Sterberaten suggerieren. So gibt auch Jean D. 1969 im Rahmen der Ludwigsburger Ermittlungen zu Protokoll:

> „Im Lager Oederan starben wegen der allgemein schlechten Behandlung, des Hungers und der schweren Arbeit laufend Häftlinge. Wir wurden abwechselnd dazu eingeteilt, die Toten in der Nähe des Lagers zu beer-

---

[304] FloNo.: 59165 *25.02.1929
[305] vgl. TDB: 'Miriam Pari'
[306] FloNo.: 59156 *22.07.1925 – TGB S.382 – SVHF 12684

124

digen. An dem Tage, an dem ich einem Kommando angehörte, mussten wir fünf Frauen begraben. Ich kann nicht angeben, wie viele Häftlinge insgesamt gestorben sind."[307]

Weder die Zahl von fünf Leichen noch eine generell hohe Sterblichkeit können für das Lager Oederan bestätigt werden. Im Gegenteil, eine derartige Sterblichkeit kann aufgrund der nahezu vollständigen Aufklärungsrate der Häftlingsschicksale explizit ausgeschlossen werden. So wie einige Häftlinge fälschlicherweise den Tod Irena Epsteins erinnerten [s.o.], berichtet auch Chanita Moses über einen Todesfall, der so nicht bestätigt werden kann:

"In Oederan ist eines von den holländischen Mädels gestorben. Sie hieß Margot war ungefähr in meinem Alter. Bekam einen Nervenzusammenbruch und lag einige Wochen im Krankenzimmer. Ob sie eines natürlichen Todes gestorben ist oder dass die SS[-Leute] etwas nachgeholfen haben, weiß ich nicht. Sie ist auf jeden Fall in Oederan begraben und einige von unseren Mädels haben sie begleitet."[308]

Bei Grete Salus [vgl. Kapitel h) V.] ist eine andere Version über das Schicksal der Margot Menkel[309] nachzulesen. Sie wurde nachweislich in Theresienstadt befreit und hinterließ später einen Bericht beim United States Holocaust Memorial Museum. Nach dem Krieg trug sie den Namen Margot Opdenburg-Mandel. Da auch Salus keine Aussage darüber treffen kann, ob Margot Menkel nach ihrer Befreiung wieder gänzlich gesund wurde, wäre ein abschließend klärender Hinweis möglicher Angehöriger wünschenswert. Die Heirat nach dem Krieg spricht jedenfalls dafür. Ihr 5-seitiger Bericht in holländischer Sprache trägt die Signatur USHMM 1997.A.0117 – Microfilm 369, Collection 2501, C(64)312.1 Port. 18 11.

---

[307] Barch B 162 / 25631 S. 74 VP Jean D.
[308] E-mail vom 09.03.2006 – Archiv Cziborra
[309] FloNo.: 59335 * 15.04.1922 – [andernfalls Margit Goldberg 01.10.1924]

125

Auch in der erst 2010 erschienenen Autobiografie Eva Libitzkys mit dem Titel „Out on a Ledge" befinden sich etliche unhaltbare Aussagen. So formuliert Libitzky unter der Koautorenschaft des Historikers Fred Rosenbaum:

> „Aber ich möchte kein zu rosiges Bild von Oederan zeichnen, was ebenfalls seinen Anteil an Brutalität und Elend hatte. Häftlinge wurden gelegentlich totgeschlagen und andere starben an den harten Bedingungen. Ich selbst wurde niemals ernsthaft krank, aber viele Frauen litten an Dysenterie, Tuberkulose und Lungenentzündung. Die Krankenstube war ständig gefüllt und wenige kamen letztlich von dort wieder zurück." [310]

Damit werden zahlreiche Todesfälle (an anderer Stelle S.124f. auch durch Selbstmord) suggeriert, die es so in Oederan nicht gegeben hat. Lediglich drei Frauen starben im Lager und es wurden auch nur vier Frauen, darunter mindestens drei Schwangere in andere Lager überstellt. Auch bezüglich der Evakuierung des Lagers konnte Libitzky einer Falschdarstellung überführt werden. Sie schrieb:

> „Die SS muss erwartet haben, eine Menge toter Körper abzuliefern, da weder Essen noch Trinken an uns ausgeteilt wurde, während einer Reise, die eine ganze Woche dauerte. Tatsächlich starben viele Frauen auf dem Weg; ihre Körper verwesten während wir reisten. Die Lebenden lagen durchmischt zwischen den Toten." [311]

Nun konnte aber per Ausschlussverfahren und mittels intensiver Recherchen festgestellt werden, dass maximal drei Häftlinge auf der Zugfahrt nach Theresienstadt gestorben sein können, darunter nur eine Polin aus der Kernbelegschaft und maximal zwei ungarische Jüdinnen, die aus Hertine nach Oederan überstellt worden waren. Von insgesamt 529 Häftlingen, die das Lager Oederan durchliefen, verstarben alles in allem mindestens sieben, davon zwei nach der Befreiung, aber höchstens elf Personen.

---

[310] Eva Libitzky. Out on a Ledge. S.123
[311] Eva Libitzky. Out on a Ledge. S.132

4.2 Die Häftlingszwangsgemeinschaft

D1 Zusammensetzung der Häftlingszwangsgemeinschaft nach Nationalität: Stichtag 30.10.1944 [im Uhrzeigersinn]

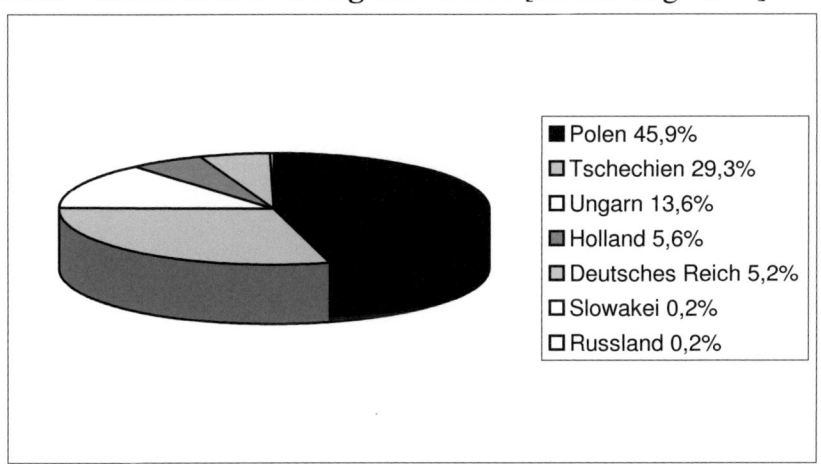

■ Polen 45,9%
☐ Tschechien 29,3%
☐ Ungarn 13,6%
■ Holland 5,6%
☐ Deutsches Reich 5,2%
☐ Slowakei 0,2%
☐ Russland 0,2%

D2 Zusammensetzung der Häftlingszwangsgemeinschaft nach Nationalität: Stichtag 06.01.1945 [im Uhrzeigersinn]

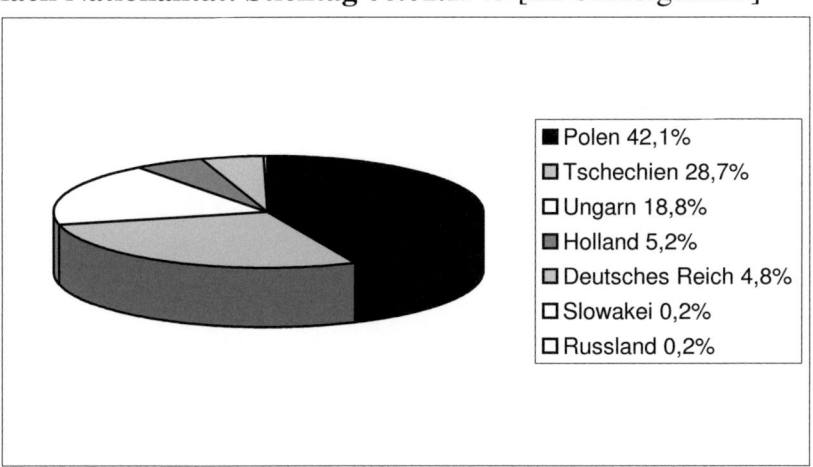

■ Polen 42,1%
☐ Tschechien 28,7%
☐ Ungarn 18,8%
■ Holland 5,2%
☐ Deutsches Reich 4,8%
☐ Slowakei 0,2%
☐ Russland 0,2%

Für beide Stichtage wurden 499 Datensätze ausgewertet. Für den 30.10.1944: 501 Personen abzüglich Gizella Lichtenstein und Eva Wertheimer und für den 06.01.1945: 499 Personen abzüglich Gabriela Heller und zuzüglich Ursula Heilmann nach dem Häftlingsaustausch zwischen den Flossenbürger Außenlagern Hertine und Oederan.

127

D3: Altersstruktur im Lager Oederan: Stichtag 30.10.1944

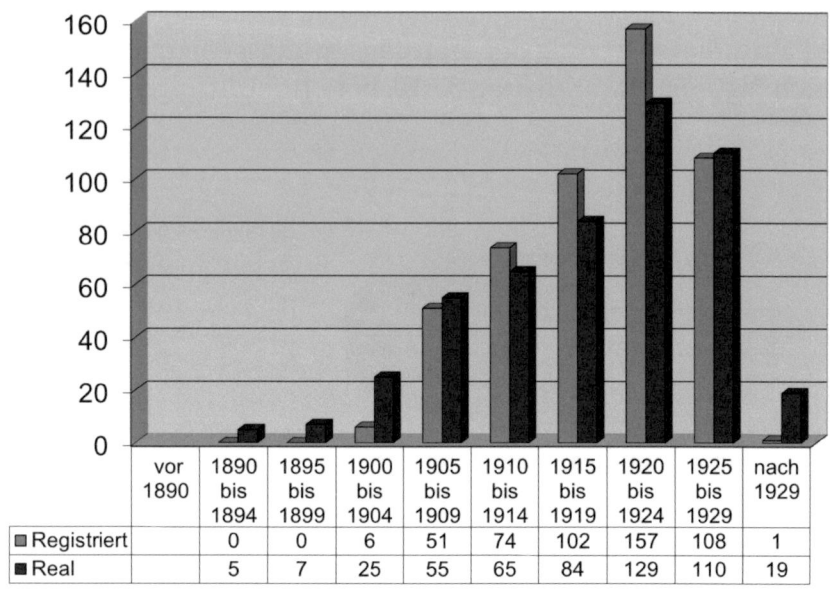

	vor 1890	1890 bis 1894	1895 bis 1899	1900 bis 1904	1905 bis 1909	1910 bis 1914	1915 bis 1919	1920 bis 1924	1925 bis 1929	nach 1929
Registriert		0	0	6	51	74	102	157	108	1
Real		5	7	25	55	65	84	129	110	19

D4: Altersstruktur im Lager Oederan: Stichtag 06.01.1945

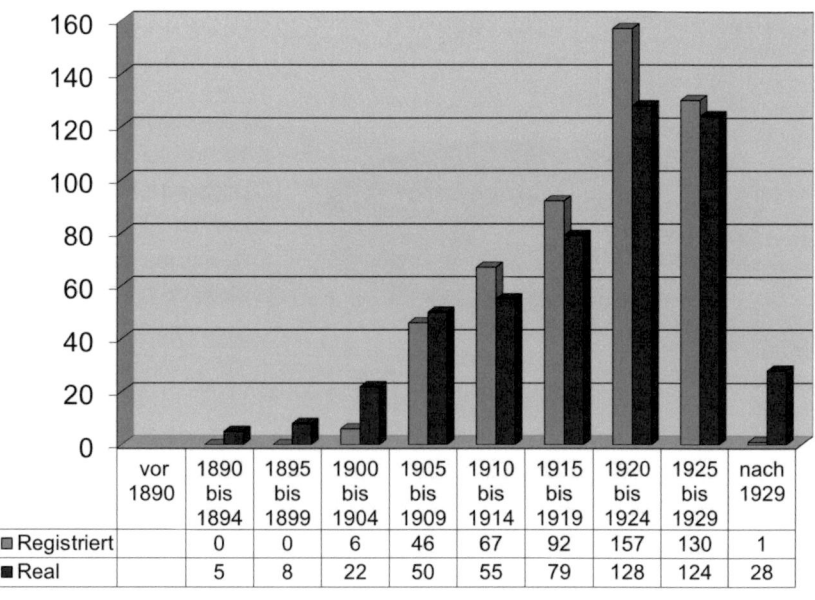

	vor 1890	1890 bis 1894	1895 bis 1899	1900 bis 1904	1905 bis 1909	1910 bis 1914	1915 bis 1919	1920 bis 1924	1925 bis 1929	nach 1929
Registriert		0	0	6	46	67	92	157	130	1
Real		5	8	22	50	55	79	128	124	28

D5: Alterstruktur des 1. Transportes nach Jahrgang [101]

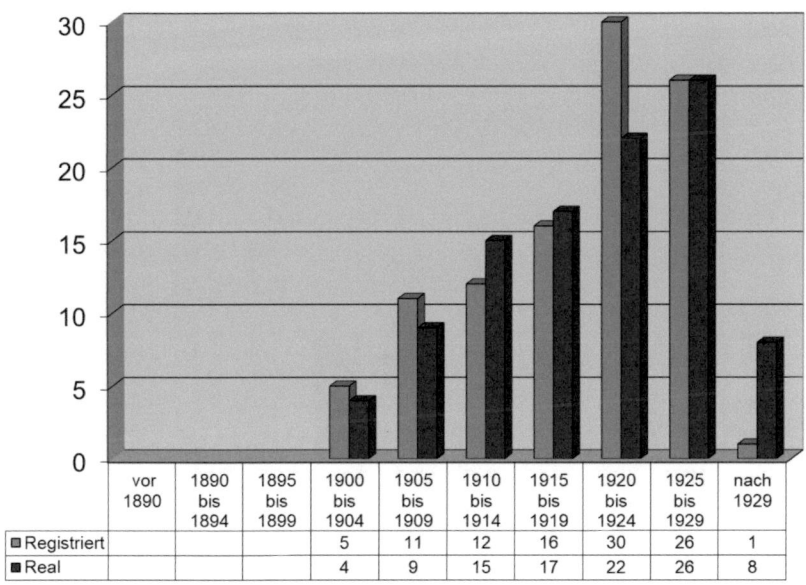

	vor 1890	1890 bis 1894	1895 bis 1899	1900 bis 1904	1905 bis 1909	1910 bis 1914	1915 bis 1919	1920 bis 1924	1925 bis 1929	nach 1929
Registriert				5	11	12	16	30	26	1
Real				4	9	15	17	22	26	8

D6: Altersstruktur des 2. Tansportes nach Jahrgang [200]

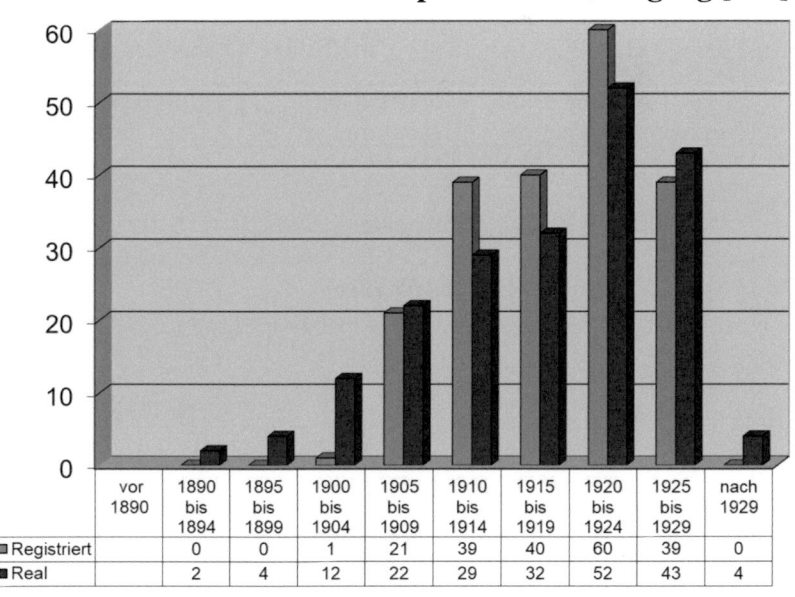

	vor 1890	1890 bis 1894	1895 bis 1899	1900 bis 1904	1905 bis 1909	1910 bis 1914	1915 bis 1919	1920 bis 1924	1925 bis 1929	nach 1929
Registriert		0	0	1	21	39	40	60	39	0
Real		2	4	12	22	29	32	52	43	4

D7: Altersstruktur des 3. Transportes nach Jahrgang [200]

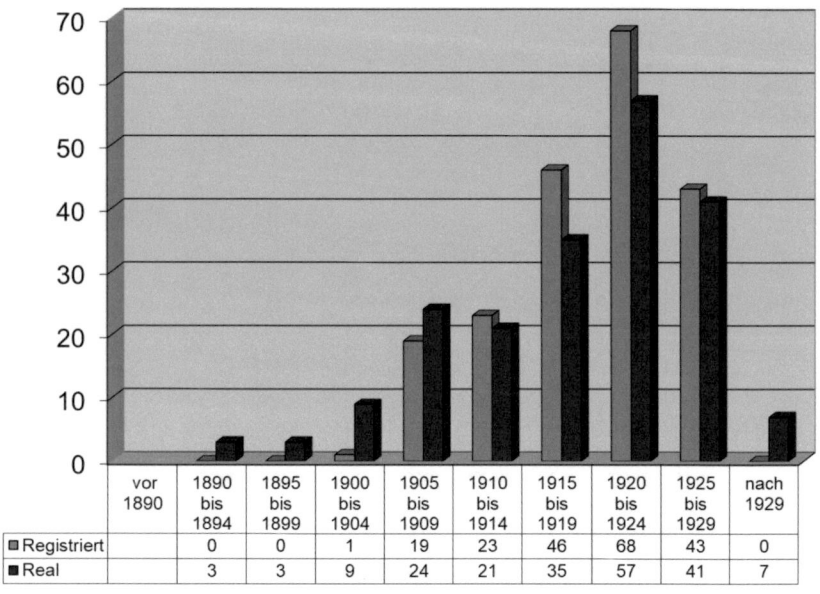

	vor 1890	1890 bis 1894	1895 bis 1899	1900 bis 1904	1905 bis 1909	1910 bis 1914	1915 bis 1919	1920 bis 1924	1925 bis 1929	nach 1929
Registriert	0	0	1	19	23	46	68	43	0	
Real	3	3	9	24	21	35	57	41	7	

T2: Tabelle der Häftlingsdaten inklusive Opferstatus

FloNo. Nation	Name, *Mädchenname Vorname [Varianten]	Geburtsdaten Deportationsdaten	Opferstatus Quellennachweis
54436 POL	Hochspiegel, Szajndla [>Sala Newton-Katz]	23.08.1929 Lodz [23.07.1927] Sulzfelder Str. 14F29	Befreit in Theresienstadt SVHF 45116, TDB ITS TD 954623
54437 POL	Leib, Cywia [>Natanowicz]	18.05.1912 Alexandrów [12.05.1916] Goldschmiedegasse ?	Befreit in Theresienstadt TDB ITS TD 210605
54438 POL	Jakubowska, Chaja [Hella] B: Büroangestellte [?]	12.05.1918 [1917] [Halbe Gasse 6F19 ?]	Befreit in Theresienstadt TDB, Lodz Card 89509 ITS TD 357658
54439 POL	Rosenkranz, *Rosenperl Salla AuNo: 54543 falsch! OederanNo: 335 (?)	12.09.1920 Warschau [1918] Lodz [nicht 11.08.1943 aus Kattowitz!]	Befreit in Theresienstadt TDB ITS TD 301180
54440 POL	Nagel, Luba [=?Nagiel Luba Matla]	16.12.1923 Lodz 16.02.1923[01.12.23] [Cranach Str.15F45?]	Befreit in Theresienstadt TDB, Lodz Card 11997

130

54441 POL	Dobrowolska, Ester [Estera] [>Esther Haneman]	23.05.1921 Belchatow [15.06.1921] Alexanderhof 48F19	Befreit in Theresienstadt TDB, Lodz, 'PoT YV!' ITS TD 113074
54442 POL	Dobrowolska, Masza [Mascha]	11.11.1931 Belchatow [11.11.1926] Alexanderhof 48F19	Befreit in Theresienstadt TDB: 23.05.1931, Lodz ITS TD 113077
54443 POL	Dobrowolska, Rosa (Ruscha) [Roza]	22.03.1920 Belchatow (22.03.1919) Alexanderhof 48F19	Befreit in Theresienstadt TDB, Lodz, 'PoT YV!' ITS TD 113076
54444 POL	Dobrowolska, Franka Frajdla [Frania] [>Bank]	06.08.1923 Belchatow Alexanderhof 48F19	Befreit in Theresienstadt Lud58&118ff., TDB ITS TD 113078
54445 POL	Dobrowolska, [Chaja] Hela [>Helen Herlic]	19.03.1926 Belchatow [25.05.1925] Alexanderhof 48F19	Befreit in Theresienstadt TDB, Lodz, 'PoT YV!' ITS TD 113075, Foto
54446 POL	Lewkowicz[Lewkowitz] Roza [>Rosa Diamant]	12.09.1923 Lodz	Befreit in Theresienstadt Lud60&110ff., TDB ITS TD 300583
54447 POL	Lewkowitz, Hela	27.10.1908 [1910] (FloEf: 27.10.1915)	Befreit in Theresienstadt TDB ITS TD 709439
54448 POL	Smaragd, Chana [Chana Rywka] B: Hausfrau	24.01.1912 Belchatow 24.01.1908 Neustadt 30F6	Befreit in Theresienstadt TDB, Lodz Card 78085 ITS TD 285887
54449 POL	Seibert, (Zajbert) Hinda (Hella)	30.05.1908 ZdunskaW [13.05.1912] Neustadt 32F28	Befreit in Theresienstadt TDB, Lodz [>*Hertine*] ITS TD 403066
54450 POL	Lasman [Lassmann], Hella [Chaja] [>Helena Najberg]	05.03.1923 Lodz Rauchgasse 44F4 Lodz Card 150917	Befreit in Theresienstadt SVHF 9745, TDB ITS TD 1025684
54451 POL	Brasilia, Chana (Anna)	17.10.1915 Lodz [17.10.1914] Srodziejaka 4 F14	Befreit in Theresienstadt TDB, USHMM Polish Survivor L. 1947
54452 POL	Kirsch, (Kirsz) Fella	20.04.1923 Lodz	Befreit in Theresienstadt TDB
54453 POL	Rosenberg, Salla	10.08.1920 Lodz	Befreit in Theresienstadt TDB ITS TD 318354
54454 POL	Brandszaft, *Hammer Estera	02.05.1908 Brzeziny [20.05.1912] Am Bach 8F21	Befreit in Theresienstadt TDB12.05.1912, Lodz ITS TD 463254

54455 POL	Hammer, Rywka	20.03.1907 Brzeziny [20.03.1912] Am Bach 8F21	Befreit in Theresienstadt TDB, Lodz ITS TD 806835
54456 POL	Landowicz, Sura [>Sally Marco]	11.11.1923 Lodz [11.11.1920] Siegfried Str. 18F3	Befreit in Theresienstadt SVHF 71, TDB, Lodz
54457 POL	Landowicz, Rywka [>Regina Hirsch]	29.06.1928 Lodz [29.06.1922] Siegfried Str. 18F3	Befreit in Theresienstadt SVHF 6338, TDB,Lodz
54458 POL	Ryza, [Rysa] Ruchla [Rachella]	23.11.1922 Kolo [23.11.1921] Schlosser Str. 5F16	Befreit in Theresienstadt TDB, Lodz
54459 POL	Munter, Minia (Mindla) [>Jay]	01.05.1925 Warta Storchen Gasse 12F4	Befreit in Theresienstadt SVHF 23350, TDB, Lodz
54460 POL	Weingot, [Wangot] Mania Mirjam	10.10.1910 Lodz [15.10.1915]	Befreit in Theresienstadt TDB
54461 POL	Mittelmann, [Mitelman] Guta [>Greta Binko]	08.03.1904 Lodz [08.03.1914]	Befreit in Theresienstadt TDB
54462 POL	Warschawska, Ester (Edith)	15.09.1927 [15.06.1926]	Befreit in Theresienstadt TDB Lodz Card 15413 ?
54463 POL	Wiener, Paula (Perla) B: Schülerin	19.12.1928 Dobra [19.12.1927][1926] Richter Straße 4F13	Befreit in Theresienstadt TDB, Lodz Card 28504 ITS TD 387598
54464 POL	Grünbaum, Ides [>Jehudes Makszanski]	16.03.1912 Leczyca [12.03.1912] B: Tricotnäherin	Befreit in Theresienstadt TDB, Lodz Card 02628 ITS TD 728955
54465 POL	Holzmann,[Holcman] Maria [Marie]	18.10.1915 Lodz (18.10.1913) Bleicherweg 12F3	Befreit in Theresienstadt TDB, Lodz1913 ITS TD 969138
54466 POL	Gotthelf, Rela (Hinda) F: vgl. 54616 ?	05.07.1917 Lodz [05.06.1922]	Befreit in Theresienstadt TDB ITS TD 422373
54467 POL	Szczupak, *Grünberg [Sztupak] Schewa (Szejwa) [>Szewa Zylberstein]	23.03.1902 Pabianice [23.10.1910] Bleicherweg 17F8	Befreit in Theresienstadt TDB:23.11.1908, Lodz ITS TD 296949 23.10.1908
54468 POL	Lutzka, (Ludzka) Ester	22.08.1922 Lodz [22.07.1922]	Befreit in Theresienstadt TDB

54469 POL	Lutzka, (Ludzka) Debora (Dora)	16.02.1924 Lodz	Befreit in Theresienstadt TDB
54470 POL	Zychlinska, *Najdenberg Chaja Ruchla	21.05.1909 Brzeziny [21.05.1914] Kelm Str. 10F8	Befreit in Theresienstadt TDB21.05.1912, Lodz ITS TD 757908
54471 POL	Berliner, Malka	12.03.1915 Lodz [12.03.1916] Bleicher Weg 23F12	Befreit in Theresienstadt TDB, Lodz [>*Hertine*] ITS 393919
54472 POL	Hausman(n), Rela	05.01.1926 Sieradz Königsberger 4F57	Befreit in Theresienstadt TDB:05.10.1930, Lodz ITS TD 368680
54473 POL	Grünberg [,Grübaum'], [Grünbaum] Sonia	20.11.1922 Lodz [20.11.1921]	Befreit in Theresienstadt TDB
54474 POL	Dajch [Deich], Ruchla [>Rose Fogel]	11.02.1927 [01.03.1927] Sattler Gasse 23F2	Befreit in Theresienstadt SVHF 6913, TDB,Lodz ITS TD 345538
54475 POL	Liebermann, *Wilk [Liberman] Bluma	30.07.1895 Lodz [25.08.1909][1892] Hamburger 21F78	Befreit in Theresienstadt TDB, Lodz Card 93438 ITS TD 579727
54476 POL	Liebermann, Mania (Nana)	10.07.1917 Lodz [10.07.1924]	Befreit in Theresienstadt TDB ITS TD 91330
54477 POL	Liebermann Fenia (Fela)	30.06.1925 Lodz [30.07.1925]	Befreit in Theresienstadt TDB ITS TD 91331
54478 POL	Laciczek, [Laciczak] Luba	05.05.1926 Zdunska Wola Blechgasse 4F20	Befreit in Theresienstadt TDB, Lodz ITS TD 404470
54479 POL	Lewi, Sara [Chaja Sara]	31.01.1930 Lodz [31.01.1926] Cranach Str. 16F9	Befreit in Theresienstadt TDB, Lodz Card 21991 ITS TD 357726
54480 POL	Lewi, Chana B: Fabrikant	20.06.1910 Lodz [10.06.1910] Cranach Str. 16F9	Befreit in Theresienstadt TDB, Lodz Card 21990 01.06.1904
54481 POL	Mendlewitz – Sternfeld, Regina	01.05.1913 Pabianice [01.05.1914]	Befreit in Theresienstadt TDB ITS TD 473283
54482 POL	Mendlewitz – Sternfeld, Chana (Chawa)	01.09.1913 Aleksandrow	Befreit in Theresienstadt TDB ITS TD 403567

54483 POL	Gutmann, [Gutman] Chaja (Hela) [Chaja Sura]	15.09.1903 Lodz [15.09.1908] [L: 15.09.1902] Talweg 7F10	Befreit in Theresienstadt TDB [>*Hertine*] Lodz Card 81893 ITS TD 390753
54484 POL	Rotenberg, Maria	25.05.1908 Lodz [25.09.1908]	Befreit in Theresienstadt TDB ITS TD 384113
54485 POL	Josefowitz, Leonia B: Lehrerin	24.12.1909 Lodz [24.12.1916] Am Bach 2F33	Befreit in Theresienstadt TDB, [>*Hertine*] Lodz Card 74662
54486 POL	Szakin [Schakin], Cecilia [Cecylja] B: Lehrerin	23.01.1907 Lodz Hanseaten Str. 61F24 Lodz Card 88663	Befreit in Theresienstadt TDB, Lodz [>*Hertine*] ITS TD 602129
54487 POL	Feigenbaum, *Gelbart Feiga Laja B: Hausfrau	28.05.1911 Warta Alexanderhof 26F96 Lodz Card 189688	Befreit in Theresienstadt TDB, Lodz 1909/1910 ITS TD 277088
54488 POL	Breitstein, [Breitsztein] Gitla	18.02.1926 Lodz [18.02.1925] Cranach Str. 28F33	Befreit in Theresienstadt TDB, Lodz Card 17491 ITS TD 271639
54489 POL	Posnanska, Helena (Hella)	28.12.1912 Lodz [28.12.1916]	Befreit in Theresienstadt TDB ITS TD 496288
54490 POL	Ickowitz, Dora	16.10.1910 Lodz [16.10.1914] Altmarkt 4F1?	Befreit in Theresienstadt TDB, Lodz ITS TD 108517
54491 POL	Lewin, Bluma	10.11.1910 Lodz [10.11.1914]	Befreit in Theresienstadt TDB ITS TD 718320
54492 POL	Silberberg, Estera	22.02.1917 Lodz	Befreit in Theresienstadt TDB ITS TD 581316
54493 POL	Klodawska,(Klodowski) Mania (Menia)	12.08.1909 Klimontow [12.08.1912] Franz Str. 30F31	Befreit in Theresienstadt TDB, Lodz ITS TD 317447
54494 POL	Zelig, Malka B: Hausfrau	24.11.1895 Lodz [24.12.1910](24.04.95) Kirch Platz 5F8	Befreit in Theresienstadt TDB, Lodz Card 14466 ITS TD 639020
54495 POL	Stein, Mira [>Selig]	08.07.1925 Lodz [08.07.1919]	Befreit in Theresienstadt TDB ITS TD 382128
54496 POL	Goldstein, Chana	15.06.1922 Lodz [08.06.1922]	Befreit in Theresienstadt TDB ITS TD 494149

54497 POL	Goldstein, Debora	18.04.1922 Lodz	Befreit in Theresienstadt TDB ITS TD 347840
54498 POL	Flum, Estera B: Schneiderin	24.01.1923 Lodz Cranach Str. 27F15	Befreit in Theresienstadt TDB, Lodz Card 17005 ITS TD 480273
54499 POL	Opas, Salla [Sala]	14.06.1919 Lodz	Befreit in Theresienstadt TDB ITS TD 741450
54500 POL	Kohn, Estera [>Esther Lesniak]	27.08.1930 Lodz [02.01.1927]	Befreit in Theresienstadt SVHF 13241, TDB ITS TD 494402
54501 POL	Posnanska, Estera [>Seidenwurm]	25.02.1914 Lodz	Befreit in Theresienstadt TDB ITS TD 397429
54502 POL	Klieger, [Kligar] Raisla [Rajzla]	15.12.1924 Lodz [Franz Str. 30F22 ?] Lodz Card 019671	Befreit in Theresienstadt TDB, Lodz: 10.12.1924 ITS TD 269670
54503 POL	Piernikarz, Mina	16.05.1924 Lodz Lustige Gasse 4F12 Hanseaten 42F19	Befreit in Theresienstadt TDB, Lodz: 16.04.1924 ITS TD 302155
54504 POL	Reichert, Eva [Chawa] B: Schneiderin	26.12.1923 Ozorkow [23.12.1923] Mühl Gasse 57F7 ?	Befreit in Theresienstadt TDB, LodzCard119224 ITS TD 909116
54505 POL	Reichert, Fela [Fela Fajga] B: Schneiderin	02.12.1922 Ozorkow [01.12.1922] Mühl Gasse 57F7 ?	Befreit in Theresienstadt TDB, LodzCard119223 ITS TD 260304
54506 POL	Reichert, [Cywia ?] Lula [>Lili Laor] B: Schneiderin F: vgl. 54505, 54505	01.11.1925 Ozorkow [01.09.1924] (1923) Mühl Gasse 57F7 ? Lodz Card 119225 ?	Befreit in Theresienstadt SVHF 28657, TDB, Lodz 01.09.1921 ITS TD 279160
54507 POL	Berlinska, Jochwet [Jachwet]	25.12.1912 Lodz [25.12.1917] Sperlingsgasse 6F10?	Befreit in Theresienstadt TDB, Lodz: 05.02.07? ITS TD 356710
54508 POL	Puterschnitt/Potrschmit, Hella	26.12.1918 Lodz [27.12.1918]	Befreit in Theresienstadt TDB [>*Hertine*] ITS TD 292364 PWR: Melbourne
54509 POL	Fuchs, (Fuks) Ruchla	15.08.1915 Lodz Tizian 2F15 ? Lodz: 15.05.1915 ?	Befreit in Theresienstadt TDB, Lodz ITS TD 373825
54510 POL	Welner, *Fuks Sara B: Lehrerin	08.08.1911 Lodz [08.08.1910] Krimhild Str.12F8	Befreit in Theresienstadt TDB1916, Lodz131481 ITS TD 718833

135

54511 POL	Biegacz, Estera [>Edda Seidemann]	19.05.1903 Lodz [19.05.1914] Mühl Gasse 15F8	Befreit in Theresienstadt TDB1907, Lodz Card 49753
54512 POL	Lewin, Chana	20.06.1901 Kolo	Befreit in Theresienstadt TDB:18.06.1910 ITS TD 393158
54513 POL	Lewkowitz (Kraut), Tauba	15.03.1914 Lodz [15.01.1914]	Befreit in Theresienstadt TDB [>*Hertine*] ITS TD 732540
54514 POL	Potacnik, Jola [Jola Wanda] B: Kunstschitzerei	20.08.1927 Lodz [20.09.26][Zakopane] Brunnengasse 5F14	Befreit in Theresienstadt TDB, Lodz 20.08.1926
54515 POL	Epstein, Irena	08.08.1923 Lodz	Befreit in Theresienstadt TDB

54516 POL	Hecht, Dora	14.09.1916 Lodz [Reiter Str. 7?]	Befreit in Theresienstadt TDB, Lodz [>*Hertine*] ITS TD 678324
54517 POL	Rabinowitz, [Rabinowicz] Jadzia [Jadwiga]	15.12.1921 Lodz [15.12.1920]	Befreit in Theresienstadt TDB ITS TD 256879
54518 POL	Weisburt, Nacha [>Magda Cynamon]	27.01.1910 Lodz	Befreit in Theresienstadt TDB ITS TD 395514
54519 POL	Reis, *Welner Mirjam F: vgl. 54510, 54556	14.01.1907 Lodz Krimhild Str.12F8	Befreit in Theresienstadt TDB, Lodz ITS TD 182213
54520 POL	Kuscher, Helena Chaja Frimetta	15.01.1912 Kalisz	Befreit in Theresienstadt TDB ITS TD 386913
54521 POL	Trzmiel, Rena (Regina) =? Sura Rywka Trzmil	23.11.1908 Lodz [23.09.1907]	Befreit in Theresienstadt TDB, Lodz Card 01242 Protokoll mit Foto ?
54522 POL	Rosenfeld, Hessa [>Sierpinska] B: Hausfrau	15.07.1909 Lodz [15.07.1911] Bleicher Weg 20F1	Befreit in Theresienstadt TDB:15.04.1912, Lodz ITS TD 361576
54523 POL	Bacia, Laja [>Lola Pinczewski]	15.02.1924 Lodz [15.12.1925] Neustadt 32F31	Befreit in Theresienstadt SVHF 3047, TDB1928 ITS TD 291240
54524 POL	Rotklein, [Rotklajn] Rosa (Miriam Rajzel) [>Zlotogoraka] [>Zlotogorsky]	25.07.1925 Danzig [Neustadt 32F7 ?]	Befreit in Theresienstadt TDB, Lodz: 24.05.1925

136

54525 POL	Mest, Cescha [Cesia] [Cypra] F: Schwägerin v. 54628 B: Haustochter	30.07.1920 Lodz [30.07.1918] Cranach Str. 34F9	Befreit in Theresienstadt TDB, Lodz Card 18082 Protokoll mit Foto Vgl. Out on a Ledge
54526 POL	Bergmann, (Rywka) Regina [>Jean Diamond]	22.01.1918 Lodz [15.01.1917] Bier 22F8	Befreit in Theresienstadt Düsing, Lud71ff., TDB ITS TD 480668
54527 POL	Bergmann, [Czarnoczapka] Minna [>Mina Chern]	28.02.1916 Lodz [16.09.1915] Bier 22F8	Befreit in Theresienstadt Lud100ff., TDB, Lodz Card 51122
54528 POL	Ostrowitz, [Ostrowicz] Sisla [Zysla] Lodz Card 137476?	13.03.1900 Pinsczow [13.03.1907][1898?] Mühlgasse 16F35?	Befreit in Theresienstadt TDB [>*Hertine*] ITS TD 337501
54529 POL	Zarnowska, Sabina	14.01.1922 Lodz Talweg 10F49? Lodz: 1920	Befreit in Theresienstadt TDB, Lodz ITS TD 415951
54530 POL	Goldschmidt, Mirka (Miriam) F: vgl. 54593	20.10.1927 Lodz [1926] Sulzfelder78F14	Befreit in Theresienstadt TDB, Lodz: 25.10.1927 ITS TD 283472
54531 POL	Fischer, (Fiszer) Helena (Chaja Sura) B: Schneiderin	16.11.1896 Ozorkow [15.11.1910] Blei Gasse 1F33	Befreit in Theresienstadt TDB:16.11.1901, Lodz ITS TD 284007
54532 POL	Fischer, (Fiszer) Paula (Pauline)(Perla) F: vgl. 54531, 54533	30.07.1922 Ozorkow Blei Gasse 1F33	Befreit in Theresienstadt TDB, Lodz:30.07.1920 ITS TD 280298
54533 POL	Fischer, (Fiszer) Lea [Laja] F: vgl. 54531, 54532	09.04.1927 Ozorkow [15.04.1925] Blei Gasse 1F33	Befreit in Theresienstadt TDB, Lodz:09.04.1926 ITS TD 284005
54534 POL	Guttmann, (Gutman) Janina B: Haustochter	25.12.1927 Lodz [25.12.1926] Pfeffer Gasse 15F43	Befreit in Theresienstadt TDB, LodzCard167520 ITS TD 252083
54535 POL	Guttmann, (Gutman) Mirla B: Hausfrau	06.01.1897 Lodz [06.01.1906] Pfeffer Gasse 15F43	Befreit in Theresienstadt TDB, Lodz Card 167519
54536 POL	Piotrkowska, Chaja B: Haustochter F: vgl. 54548	20.06.1927 Lodz [29.06.1923] Bleicher Weg 4F4 Holz Str. 26F18	**Starb n.d. Befreiung** 06.06.45 Theresienstadt Lodz ITS TD 599089
54537 POL	Reichmann, [Raichman] Chawa (Ewa)	25.08.1915 Warschau [25.08.1912] Bleicherweg 30 F1	Befreit in Theresienstadt TDB, Lodz: 25.08.1907 ITS TD 385549
54538 POL	Steier, Ruth [>Rosa Mugerman]	15.01.1915 Lodz [15.01.1918]	Befreit in Theresienstadt TDB

54539 POL	Steier, [*Maryla Sztajer] Mirjam [>Werebejczyk]	03.07.1927 Lodz [06.03.1923]	Befreit in Theresienstadt SVHF 45703, TDB, DÜ ITS TD 717391
54540 POL	Kozminska, Czarna [>Sonia Klinger] B: Schneiderin	09.01.1920 Warta Sattler Gasse 30F3 Lodz: 01.09.1917	Befreit in Theresienstadt SVHF 12004, TDB, Lud ITS TD 354271 Lodz Card 188729
54541 POL	Kozminska, Ita [Ita Chawet] F: Schwester v. 54542	01.05.1927 Warta [01.05.1925] Sattler Gasse 30F3	Befreit in Theresienstadt TDB, Lodz Card 190004
54542 POL	Kozminska, Estera F: Schwester v. 54541	01.07.1923 Warta [01.08.1922] Sattler Gasse 30F3	Befreit in Theresienstadt TDB, Lodz:1919/1915 Lodz Card 190005
54543 POL	Kempinska, Hella (Bela laut TDB) F: vgl. 54547	28.11.1921 Kozminek laut TDB [28.12.1918] Borenhagen	Befreit in Theresienstadt TDB, vgl. 54547 [ITS TD 295127]
54544 POL	Grynbaum [Grünbaum], Guta [>Gita Gottlieb]	08.08.1929 Lodz [08.06.1925]	Befreit in Theresienstadt SVHF 6647, TDB
54545 POL	Goluchowska, Reisla [Lewkowicz]	20.11.1900 Lodz [20.12.1906] Pfeffer Gasse 24F4	Befreit in Theresienstadt TDB, Lodz
54546 POL	Baum, Rywka (Regina)	31.03.1913 Piotrkow [1919]	Befreit in Theresienstadt TDB [>*Hertine*]
54547 POL	Kempinska, Hella F: vgl. 54543	07.12.1917 Borenhagen	Befreit in Theresienstadt ITS TD 295127
54548 POL	Piotrkowska, Cirla [Cyrla] B: Strumpfarbeiterin F: vgl. 54536, 54557	03.03.1921 Lodz Bleicherweg 4F4 Holz Str. 26F18 Lodz: 11.01.1921	Befreit in Theresienstadt TDB, Lodz Foto (1943) Tischlerei Putziger 9 Arbeiter 39131
54549 POL	Hermann, [Herman] Chasja [Chasia]	30.09.1929 [1921]	Befreit in Theresienstadt TDB
54550 POL	Cypris, [Cyprys] Sisla [Zysla]	02.11.1929 Lodz [04.11.1926] Insel Str.10F30	Befreit in Theresienstadt TDB, Lodz Card 291 ? ITS TD 802309
54551 ,SLO'	Szaldajewska [Schaudaj.], Rosa Dwojra	21.02.1923 Lodz Storchen Gasse22F35	Befreit in Theresienstadt TDB, Lodz
54552 POL	Schaudajewska, Malka [Kozlowska]	11.05.1919 Lodz [15.07.1919] Storchen G. 22F35	Befreit in Theresienstadt TDB, Lodz 14.11.1920 Lodz Card 140510 ?

138

54553 POL	Schönfeld, Lola	07.03.1923 Lodz	Befreit in Theresienstadt TDB ITS TD 184171
54554 POL	Glasmann, (Glasman) Hedi	18.06.1914 Lodz [18.06.1918]	Befreit in Theresienstadt TDB
54555 POL	Schönwald, (Bornsztajn) Brucha [Brajndla]	28.12.1912 Lodz [Neustadt 30F4?]	Befreit in Theresienstadt TDB, Lodz [>*Hertine*] ITS TD 369436
54556 POL	Welner, Golda F: vgl. 54510, 54519, 54563	19.04.1902 Lodz [17.04.1906] Krimhild12F8	Befreit in Theresienstadt TDB:08.02.1914, Lodz Card 131477 ITS TD 957998
54557 POL	Piotrkowska, Rachela B: Schneiderin F: vgl, 54536, 54548	20.11.1921 Lodz [20.11.1919] Holz Str. 26F18 Bleicherweg 4F4	Befreit in Theresienstadt TDB, Lodz: 30.06.1914 Lodz Card 092468 ITS TD 601962
54558 'POL'	Rosenberg, *Loewy Edita [Edith] [Dr.] B: Lehrerin	24.04.1906 Ostrava Fisch Str. 10F58 Lodz Card 175580	Befreit in Theresienstadt TGB138, Prag-Lodz Foto Protokoll 00047
54559 POL	Rosen, Anna Lodz Card 101523	20.08.1908 Warschau Lodz: 20.08.1903 Fisch Str. 2F27	Befreit in Theresienstadt TDB [>*Hertine*] ITS TD 364937
54560 POL	Lassmann, Bronislawa	01.09.1917 Lodz [01.09.1919] Sulzfelder 21F58	Befreit in Theresienstadt TDB, PWR Melbourne ITS TD 188067
54561 POL	Traub, Sara	15.05.1913 Lodz [15.05.1912]	Befreit in Theresienstadt TDB ITS TD 341673
54562 POL	Kupfer, Rachela [Rachel]	15.12.1913 Lodz	Befreit in Theresienstadt TDB [>*Hertine*] ITS TD 329563
54563 POL	Wellner, [Welner] Bella [Bajla] F: vgl. 54556, 54510, 54519	28.02.1908 Lodz Krimhild Str. 12F8 28.02.1909	Befreit in Theresienstadt TDB: 15.09.1915, Lodz Card 131479 ITS TD 739622
54564 POL	Piotrkowska, *Alebarda Mascha [>Kaminski] [Masza]	10.10.1918 Lodz Hohensteiner 53F26 Lodz Card 83904	Befreit in Theresienstadt Lud58&118ff., TDB ITS TD 283723
54565 POL	Scheier, (Szejor) Malka (Marika)	17.12.1917 Radoszyce	Befreit in Theresienstadt TDB
54566 ,POL'	Sostheim, Erna B: Arbeiterin Starb: 21.01.1975 Israel	27.06.1894 Lippstadt [27.07.1906] Fisch Str.14AF3 Lodz Düsseldorf: 27.10.1941	Befreit in Theresienstadt TDB, Lodz, Foto Aufbau Verlag, Sharit Ha-Platah

54567 POL	Schapschewitz, Fella (Hella)	15.04.1927 Lodz [15.04.1926]	Befreit in Theresienstadt TDB ITS TD 269868
54568 POL	Pokrzywa, Hella ['Szaja Wegman']	14.12.1920 Lodz [14.12.1919] Rauchgasse 10F21 ?	Befreit in Theresienstadt TDB, Lodz [>*Hertine*] ITS TD 266120
54569 POL	Hiller, Ester [>Jakubowitz]	19.05.1920 Lodz [Sulzfelder 56F7 ?] 19.05.1914/1912	Befreit in Theresienstadt TDB, Lodz SVHF 42784
54570 POL	Kaganowska, Chana [Chana Pesa] B: Hausfrau	18.12.1893 Glowno [18.12.1906] Sulzfelder56F7	Befreit in Theresienstadt TDB, Lodz Card 34658 ITS TD 665747
54571 POL	Kaganowska, Bronislawa F: vgl. 54570, 54569 ?	01.11.1928 Lodz [01.02.1924] Sulzfelder56F7	Befreit in Theresienstadt TDB, Lodz Card 34657 ITS TD 574849
54572 POL	Schweizer, ('Szwajcer') Bella [>Bela Bina Kirzner]	15.03.1929 Lodz [15.03.1926]	Befreit in Theresienstadt SVHF 28762, TDB1931 ITS TD 447313
54573 POL	Wanner, Rachela F: Mutter von 54574	25.06.1900 Lodz [25.06.1909] Am Bach 8F33	Befreit in Theresienstadt TDB, Lodz: 25.06.1903 ITS TD 293405
54574 POL	Wanner, (Waner) Irka [>Sarah Honigman] F: Tochter von 54573	12.06.1927 Lodz [12.06.1926] Am Bach 8F33 Lodz Card 08301	Befreit in Theresienstadt SVHF 40884, TDB, DÜ Foto Protokoll 243 ITS TD 269121
54575 POL	Sandberg, [Zandberg] Anna [Chana ?]	15.12.1918 Lodz Lodz: 15.12 1916 Fisch Str. 21F1 ?	Befreit in Theresienstadt TDB, Lodz
54576 POL	Weinryb, [Wajnryb] Helene [Helena][Chaja] B: Schülerin	19.06.1927 Piotrkow [19.06.1926] Hohensteiner 53F19	Befreit in Theresienstadt TDB, Lodz Card 80099 ITS TD 135567
54577 POL	Liebermann, Bronislawa	01.05.1915 Lodz [01.05.1917]	Befreit in Theresienstadt TDB [>*Hertine*] ITS TD 366420
54578 POL	Kaczka, Feiga Laja B: Hausfrau F: vgl. 54598, 54624f.	18.07.1908 Piotrkow [19.06.1912] Bier Str. 20F2 Tirpitz 12F3	Befreit in Theresienstadt TDB, Lodz 18.06.1908 ITS TD 471739
54579 POL	Hannover, Nadja (Natalia)	12.11.1918 Lodz	Befreit in Theresienstadt TDB ITS TD 968922
54580 POL	Skurka, Feiga (Fella)[Fajga]	24.05.1922 Warta	Befreit in Theresienstadt TDB, Lodz ITS TD 301217

140

54581 POL	Kuttner, (Kutner) Sara	20.12.1921 Sieradz [10.12.1921] Hohensteiner 24F57	Befreit in Theresienstadt TDB, Lodz: 10.12.1920 ITS TD 368788
54582 POL	Chajmowitz, *Jomin Sala Salomea [>Haimovitz] F: Mutter von 54583	27.08.1901 Lodz [27.05.1908] [27.08.1908] Bleicherweg 12F14	Befreit in Theresienstadt Lud107ff., TDB1907 Lodz Foto Protokoll381 ITS TD 270203
54583 POL	Chajmowitz, Nina [>Levine] F: Tochter von 54582	~ 1930 Lodz [04.11.1924] Bleicherweg 12F14	Befreit in Theresienstadt Lud108, TDB, Lodz ITS TD 423764
54584 POL	Kuttner, (Kutner) Estera	05.08.1902 Zdunska Wola [08.05.1912]	Befreit in Theresienstadt TDB ITS TD 361739
54585 POL	Skurka, (Kempner) Regina B: Schneiderin	30.01.1923 Boleslawice Richter Str. 11F1	Befreit in Theresienstadt TDB ITS TD 419783
54586 ,POL'	Helmreich, *Issler Sala (Sara Tauba) B: Kontoristin	24.11.1901 Hannover [24.11.1907] Bier Str. 16F8	Befreit in Theresienstadt TDB:1905, Lodz, Köln
54587 ,POL'	Helmreich, Hilde [Hilda] [>Khnie] B: Modellzeichnerin F: 54586	17.07.1925 Köln Bier Str. 16F8 Kelm 21F16	Befreit in Theresienstadt SVHF 503, TDB, Köln Lodz Card 167528 ITS TD 272814
54588 'POL'	Heller, *Hirsch Gabriela [FloNo.:58852]	21.05.1912 Klausenburg [Cluj] [Grete Salus S.51]	Befreit in Theresienstadt Überstellt n. *Wilischthal* ITS TD 965280
54589 POL	Kantorowitsch, Marilla	15.07.1921 Pabianice	Befreit in Theresienstadt TDB ITS TD 669271
54590 POL	Lenkinska, Guta	02.11.1923 Lodz [02.09.1923]	Befreit in Theresienstadt TDB ITS TD 343705
54591 POL	Jochimowitz, Edja [Estera Perelman] B: Schneiderin	15.05.1919 Lodz [1920] Cranach Str. 14F15	Befreit in Theresienstadt TDB, Lodz Card 21553 ITS TD 356670
54592 POL	Rawet, Luba (Lova) B: Arbeiterin Lodz Card 019709	01.05.1909 Lodz [14.05.1909] Franz Str.30F30	Befreit in Theresienstadt TDB, Lodz [>*Hertine*] ITS TD 278926
54593 POL	*Goldschmidt, [Doba Goldszmit] Dora Smolenska	11.07.1917 Lodz Lodz: 17.07.1911 Bleigasse 1F4 u.a.	Befreit in Theresienstadt TDB, LodzCard130732 ITS TD 284017
54594 POL	Miedzinska, Chana [Hanka] [>Landau]	14.02.1925 Lodz Mühl Gasse 44F2	Befreit in Theresienstadt SVHF 29887, TDB Lodz Card 112363

54595 POL	Jochimewicz, Rywka F: vgl. 54591 ?	19.12.1920	**Schicksal ungeklärt Nicht identifiziert**
54596 POL	Altman[n], [Gelbard] Rywka (Rischa) B: Wäscherin	30.12.1922 Lodz Bier 29F22 Fabr 8 Worker 10020	Befreit in Theresienstadt TDB, Lodz Foto ITS TD 271710
54597 POL	Altman[n], Rosa [Ruchla Laja] B: Schneiderin	22.05.1921 Lodz Bier 29F22	Befreit in Theresienstadt TDB, Lodz ITS TD 301109
54598 POL	Kaczka, Bronia [Brandla] F: vgl. 54578, 54624f.	21.07.1922 Piotrkow [21.07.1923] Tirpitz 12F4	Befreit in Theresienstadt TDB, Lodz: 21.08.1920 ITS TD 1849760
54599 POL	Neumann, *Blumental Rywka (Rifka) B: Hausfrau	15.07.1913 Leslaw Mühl Gasse 76F2 Korn 9F21	Befreit in Theresienstadt TDB: Wloclawek, Lodz Card 48390
54600 POL	Schermann, Sara (Hanka)	28.02.1927 Lodz	Befreit in Theresienstadt TDB ITS TD 1010747
54601 POL	Cypris, Mathilda (Matel)	03.08.1925 Insel Str. 10F30	Befreit in Theresienstadt TDB , Lodz: 1923
54602 POL	Kalska, Mirjam [Mania] [>Sonntag]	07.04.1916 Lodz Lodz: 07.04.1910 Hohensteiner 43F105	Befreit in Theresienstadt TDB, Lodz ITS TD 453352
54603 POL	Wollmann, *Lewinska Sysla (Zysla) B: Hausfrau	29.10.1900 Lodz [10.10.1910] Sperlingsgasse 9F8	Befreit in Theresienstadt TDB, Lodz Card 053466
54604 POL	Hamburska, Anka [Chana] B: Hausfrau	10.02.1905 Radzyn [05.02.1905] Bier Str.16F8	Befreit in Theresienstadt TDB, Lodz ITS TD 343091
54605 POL	Krakowska, Sala [>Sarah Koren]	06.04.1927 Lodz [10.03.1927] Altmarkt 8F3 ?	Befreit in Theresienstadt SVHF 39308, TDB ITS TD 282339
54606 POL	Klubska, Luba (Lova) B: Arbeiterin	31.12.1926 Lodz Kelm Str. 21F12	Befreit in Theresienstadt TDB, Lodz Card 89538 ITS TD 260236
54607 POL	Cytryn, Chana Rywka [B: Schülerin]	20.07.1924 Lodz (1923) Mühl Gasse 27F16 Lodz Card 122505	**Verstarb in Oederan am 05.02.1945** Bestattet: 07.02.1945 Ab: 16.02.1945
54608 POL	Wenger, [Wengier] Franka [Fradla] [B: Schülerin]	25.04.1925 Lodz Königsberger 4F46	Befreit in Theresienstadt TDB Lodz Card 104324 Foto Card 06251

142

54609 POL	Westmann, Zalda (Selda) B: Arbeiterin	05.03.1926 ZdunskaW [03.03.1925] Blaszki Rauch Gasse 10F26	Befreit in Theresienstadt TDB, LodzCard190773 ITS TD 454135
54610 POL	Rauchfeld, Luba [Kleinman]	15.11.1922 Lodz [15.08.1922] Blattbinder 21F3 ???	Befreit in Theresienstadt TDB, Lodz ITS TD 717169
54611 POL	Schmalz, Chana [>Grabska]	15.09.1910 Lodz [15.10.1910]	Befreit in Theresienstadt TDB, ITS TD 344608
54612 POL	Zuckermann, Dwojra	10.03.1908 Lodz [10.03.1906]	Befreit in Theresienstadt TDB
54613 POL	Szymkiewicz, Anna [>Hanah Engel]	29.05.1925 Lodz [Lodz 29.05.1929] Zimmer Str. 7F10 Lodz Card 139922	Befreit in Theresienstadt SVHF 35433, TDB Foto Arbeiter 19428 Gummimantelfabrik 28
54614 POL	Tütenschneider, [Tytensznajder] Golda [‚Polda'] B: Hausfrau	05.03.1912 Radomske [10.09.1910 Radomsk] Lodz: 15.06.1910 Korngasse 9F18	Befreit in Theresienstadt ITS 3.1.1.1 / 69462848 ITS TD 341839 Lodz Card 48336
54615 POL	Kuttner, Guta (Cuta)	01.03.1923 Sieradz [01.03.1922] Hohensteiner 24F57	Befreit in Theresienstadt TDB, Lodz ITS TD 365141
54616 POL	Gotthelf, [Gothelf] Hella [Hena] B: Schneiderin F: vgl. 54466 ?	05.05.1924 Lodz [15.05.1924] Veit Stoß 12F18 Cranach 20F20 ?	**Starb n. d. Befreiung** 16.08.45 Theresienstadt ITS TD 450957 Lodz: 15.05.1922
54617 POL	Federmann, Pauline (Pessa) [Pesla] B: Verkäuferin	04.03.1915 Lodz Brunnen 14F2	Befreit in Theresienstadt TDB, Lodz ITS TD 377405
54618 POL	Zwirn, (Cwern) Edith (Edzia)	16.05.1926 Lodz [16.01.1925]	Befreit in Theresienstadt TDB ITS TD 277171
54619 POL	Zuckermann, (Cukierman) Rosa [Roza]	18.11.1921 Lodz [18.11.1920] Talweg 27F2	Befreit in Theresienstadt TDB, Lodz
54620 POL	Jakobowitz, Regina	05.04.1919 Lodz [17.12.1921]	Befreit in Theresienstadt TDB ITS TD 322075
54621 POL	Schächter, [Schechter] Bella [Bajla] [B: Schülerin]	24.10.1924 Lublin Schloss Str. 5F26 Lodz: 14.10.1924, 16.10.24, 16.10.1929	Befreit in Theresienstadt TDB, LodzCard123629 ITS TD 363230
54622 POL	Rosenberg, Rosa	05.12.1927 Lodz [05.12.1925]	Befreit in Theresienstadt TDB

54623 POL	Rosenberg, Eva	12.06.1918 Lodz [12.05.1918]	Befreit in Theresienstadt TDB ITS TD 332729
54624 POL	Kaczka, Gitla	05.04.1917 Piotrkow Lodz: 10.04.1913 Bier Str. 20F2 Tirpitz Str. 12F4	Befreit in Theresienstadt TDB
54625 POL	Kaczka, Dora [>Zlotnik >Flaum]	22.02.1918 Piotrkow	Befreit in Theresienstadt Lud58, TDB
54626 POL	Schumirei (Szumiraj), Eva	14.08.1908 Lodz [14.08.1918]	Befreit in Theresienstadt TDB
54627 POL	Neumark, Ester	03.10.1919 Kielce [03.10.1918]	Befreit in Theresienstadt TDB, Lodz Foto ? ITS TD 1823601
54628 POL	Mest, *Chava Gerszt Eva [>Libitzky] Lodz Card 18086 B: Haustochter	28.02.1923 Lodz [28.02.1922] (18.02.1924) Cranach Str. 34F10	Befreit in Theresienstadt TDB, (Auto)Biografie: „Out on a Ledge" Lodz ITS TD 318271
54629 POL	Malinska, (*Kryger?) Ester	10.04.1912 Lodz [05.04.1914] Alexanderhof 15F23?	Befreit in Theresienstadt TDB, LodzCard187370 ITS TD 367010
54630 POL	Joskowicz, Genia	15.12.1912 Lodz [15.12.1914]	Befreit in Theresienstadt TDB ITS TD 748443
54631 POL	Krieger, Maryla [Marilla]	12.07.1927 Lodz [26.01.1926]	Befreit in Theresienstadt TDB ITS TD 219360
54632 POL	Posalska [,Passlaska'], Gitla [>Bulka] B: Schneiderin [Rembrandtstr. 8]10473	08.05.1922 Lututow [08.05.1921][1929] Rubens 2F22 Rauchgasse 36F22	Befreit in Theresienstadt SVHF 20666,TDB1923 Lodz Foto Card 188464 ITS TD 894774
54633 POL	Landowitz, Ruchla [Rachela] [>Ruth Mehler]	10.07.1929 Lodz [10.04.1924] Siegfried 18F3	Befreit in Theresienstadt SVHF 6291, TDB Lodz Card 114391 ITS TD 352962
54634 'POL'	Wolken, Gertrude [Gerti] B: Schneiderin	16.01.1925 Wien Hanseaten Str. 33F39 B: Kindergärtnerin	Befreit in Theresienstadt TGB613, Aufbau Lodz Card 163861
54635 POL	Goldwasser, Rosa (Ruta)	12.04.1914 Lowicz [12.04.1920]	Befreit in Theresienstadt TDB [>*Hertine*]

FloNo. Nation	Name, *Mädchenname Vorname [Varianten]	Geburtsdaten Deportationsdaten	Opferstatus Quellennachweis
59153 RD	Acker, Alice [>Aline Ilca Akker]	01.10.1914 Rotterdam [1916] [Westerbork 4][Et]	Befreit in Theresienstadt SVHF 10510, TDB [>*Hertine*]
59154 RD	Adler, Ilse [>Jean Malkischer]	27.06.1930 Wien [12.01.1926] [Dep.: Wien7][Et]	Befreit in Theresienstadt SVHF 30604, TGB319 ITS TD 493758
59155 RD	Adler, Lilli [>Lili Leah Asch]	31.01.1925 Wien [Dep.: Wien7][Et]	Befreit in Theresienstadt SVHF 20995, TGB319 ITS TD 416713
59156 RD	Adler, Renate [Rudolphi]	22.07.1925 Hamburg [Hamburg VI/1][Et]	Befreit in Theresienstadt SVHF 12684, 'TGB382' ITS TD 488643
59157 CZE	Adelberg[ová], Lota [>Lotte Taussig]	23.07.1924 Prag [Dep.: Prag L][Et]	Befreit in Theresienstadt SVHF 11595, TGB232 ITS TD 163875
59158 CZE	Agulár[ová], Vera	22.04.1911 [22.04.1914] [Pardubice Cf][Et]	Befreit in Theresienstadt TGB1066 ITS TD 821467
59159 CZE	Aufärber[ová], [Auffäber] Ilsa [Ilse]	13.02.1917 [Dep.: Brno Aaa][Et]	Befreit in Theresienstadt TGB589
59160 CZE	Bach[ová], Zuzana [Suse]	19.01.1921 Wien [19.10.1921] [Prag Cv][Et]	Befreit in Theresienstadt TGB1183 ITS TD 745542
59161 POL*	Bachner, Bronislawa A-21481	11.10.1919 Tarnów Dep.: Tarnów	Befreit in Theresienstadt TDB
59162 CZE	Bachrach[ová], Ruzena [Rosa]	22.07.1917 [17.07.1914] [Dep.: Prag X][Et]	Befreit in Theresienstadt TGB362 ITS TD 458845
59163 HUN*	Ballaban, (Bellaban) Gizella [>Goldberger] A-17196 [>Jungreisz]	27.12.1924 Mad Gyöngyfa	Befreit in Theresienstadt TDB ITS TD 503631
59164 CZE	Bandet[ová], Ela [Eli]	30.10.1917 [Dep.: Prag X][Et]	Befreit in Theresienstadt TGB362
59165 RD	Bari, (‚Pari') Mirjam	25.02.1929 [25.02.1926] [Hamburg VI/1][Et]	Befreit in Theresienstadt TGB383 "umgekommen" ITS
59166 RD	Bass, [Basz] Lilly [Lilli]	28.02.1918 [Wien 11][Et]	Befreit in Theresienstadt TGB395, Aufbau ITS TD 499904

145

59167 CZE	Beer[ová], Katerina Lea	16.01.1923 [1924] [Brno Ac][Et]	Befreit in Theresienstadt TGB402
59168 CZE	Be[e]rmann[ová], Lily [Lilli]	22.08.1925 [Hradec Králové Ch] [Et]	Befreit [Ort unbekannt] TGB1085
59169 CZE	Behal[ová], Ruzena [>Provazniková]	04.08.1913 [04.08.1920] [Dep.: Prag M][Et]	Befreit in Theresienstadt TGB246
59170 HOL	Berg, *Cohen Marianne [Marjanna]	24.05.1916 Rotterdam [Westerbork 5][Et]	Befreit in Theresienstadt TDB
59171 POL*	Bergglas, Mlatka[>Mala Gliksztein] A-21485	28.04.1924 Tarnow [28.04.1923] Krakau Plaszow	Befreit [in Landsberg] SVHF 34404, TDB ITS TD 348937
59172 CZE	Bergmann[ová], Eva	19.09.1913 Pilsen [19.09.1917] [Pilsen T][Et]	Befreit in Theresienstadt TGB302 ITS TD 437809
59173 HUN*	Blau, [*Kesztenbaum] Anna [>Ban] A-19244	05.08.1927 Nyircsászári Mateszalka - Plaszow	Befreit in Theresienstadt SVHF 6962, TDB ITS TD 968792
59174 HUN*	Blechner, Charlotte [Sara, Sarolta] A-17194	21.02.1908 Rimavská Sobota Tornalya	Befreit in Theresienstadt TDB ITS TD 396568
59175 HUN*	Blitz, Lilly [Livia] A-22307	04.09.1927 Tornalya [04.09.1926] Tornalya	Befreit in Theresienstadt TDB
59176 CZE	Bloch[ová], Eva (Suzanna) [>Benda]	13.05.1924 Berlin [13.05.1923] [Dep.: Prag Cc][Et]	Befreit in Theresienstadt SVHF 27973, TGB1034 ITS TD 424601
59177 CZE	Bloch[ová], Gabriela	18.11.1892 Veseli n. L. [18.11.1909] [Prag Cc][Et]	Befreit in Theresienstadt TGB1034 ITS TD 454340
59178 CZE	Bloch[ová], Han[n]a	10.01.1916 Teplice [10.01.1918] [Prag M][Et]	Befreit in Theresienstadt TGB246
59179 CZE	Bloch, Mariet[t]a [>Smolková]	10.08.1921 Teplice [10.08.1920] [Prag M][Et]	Befreit in Theresienstadt TGB246
59180 CZE	Blüh[ová], Blanka [>Hofmannová]	05.02.1915 [02.02.1915] [Dep.: Prag Bf][Et]	Befreit [Ort unbekannt] TGB914: ‚Oederan'

59181 CZE	Blüh[ová], Hilda [Hilde]	08.05.1907 [08.05.1914] [Ostrava Bi][Et]	Befreit [Ort unbekannt] TGB958: ‚Sachsenhausen'
59182 HUN*	Blum, Magda A-17211	21.05.1915 Tornalya [21.05.1917] Tornalya	Befreit in Theresienstadt TDB ITS TD 810466
59183 CZE	Böhm[ová], Han[n]a [>Duffková]	08.02.1920 [02.08.1921] [Dep.: Prag Bf][Et]	Befreit [Ort unbekannt] TGB914: ‚Auschwitz'
59184 CZE	Böhm[ová], Charlota [Lotte]	06.03.1912 Karlsbad [06.02.1912] [Prag L][Et]	Befreit in Theresienstadt TGB232
59185 HUN*	Braun, Ilona (Hana) A-22290	03.10.1914 Nagymagyer Dep.: Nagymagyer	Befreit in Theresienstadt TDB ITS TD 656335
59186 HUN*	Braun, Sarolta (Charlotte) A-17195	13.11.1907 Rimasimonyi Dep.: Tornalya	Befreit in Theresienstadt TDB
59187 CZE	Bredová, [Breda] Mariana [Marianne]	07.01.1910 [02.01.1914] [Dep.: Brno K][Et]	Befreit [Ort unbekannt] TGB218: ‚Oederan'
59188 HOL	Breslauer, Ursula [>Chanita Moses]	16.02.1928 Leipzig [16.02.1926] [Westerb. 7][Es]	Befreit in Theresienstadt TDB, Korrespondenz ITS TD 664135
59189 HUN*	Breuer, [Brack] Katalin A-22315	15.03.1921 Budapest [15.04.1921] Pecel	Befreit in Theresienstadt TDB
59190 HOL	Canes, Debora [Spierieus]	22.01.1918 [Westerbork 3][Et]	Befreit in Theresienstadt TDB
59191 HOL	Colaco, *De Lime Sara [Osorio][>Schaps]	20.01.1918 Meppel [Westerbork 2][Et]	Befreit in Theresienstadt SVHF 7915, TDB ITS TD 948376
59192 HUN*	Cuckerberg, (Zuckerberg) Erszebet A-19253	19.11.1903 Nagykallo [20.11.1903] Dep.: Nagykallo	Befreit in Theresienstadt TDB
59193 HUN	Denes, Adrien(a) [>Nováková]	05.01.1920 Losonc [05.01.1921] Ghetto Lucenec	Befreit in Theresienstadt SVHF 35937, TDB ITS TD 920111
59194 HUN*	Deutelbaum, Herta A-22326	23.01.1930 Dunaszerdahely Dunajská Streda	Befreit in Theresienstadt TDB ITS TD 773925

59195 HUN*	Deutsch [Deitsch], Irenist A-22331	29.11.1910 Nagymagyer [29.02.1910] Somarja	Befreit in Theresienstadt TDB ITS TD 548796
59196 CZE	Ehrlich[ová], Marie	24.07.1921 [24.08.1921] [Dep. : Pilsen R][Et]	Befreit in Theresienstadt TGB278
59197 HOL	Einhorn, Lilli [Lilly]	26.04.1927 Amsterdam [26.04.1924] [Westerb. 4][Et]	Befreit in Theresienstadt TDB
59198 POL*	Eisenstein, Dorota [Dorothya] A-19282	25.02.1924 Krakau Krakau-Plaszow	Befreit in Theresienstadt TDB ITS TD 536205
59199 CZE	Eisner[ová], [>Majerová] Marietta [Mimmi]	29.09.1923 Brno [Dep. : Brno Af][Et]	Befreit in Theresienstadt TGB447
59200 POL*	Engel, Helena A-21557	17.05.1912 Krosno [17.05.1914]	Befreit in Theresienstadt TDB, Aufbau Deggend. ITS TD 236216
59201 POL*	Engel, Judith A-21556	15.06.1926 Frankfurt M Krakau	Befreit in Theresienstadt TDB, Aufbau Deggend.
59202 CZE	Epstein[ová],[>Jacknerová] Charlota [>Bachner]	15.06.1919 Most [15.06.1918] [Prag Cv][Et]	Befreit in Theresienstadt SVHF 40618, TGB1183
59203 CZE	Fai[ová], Gréta	24.12.1906 [24.12.1909] [Dep. : Brno Ah][Et]	Befreit [Ort unbekannt] TGB462: 'Oederan'
59204 CZE	Fantová, [Fanta] Eva	23.05.1922 Prag [Dep. : Kladno Z][Et]	Befreit in Theresienstadt TGB387 ITS TD 512528
59205 CZE	Feuereisen[ová], Marta [Magda]	15.03.1915 [15.03.1918] [Dep. : Prag M][Et]	Befreit [Ort unbekannt] TGB246: ‚Oederan'
59206 'CZE'*	Feuerstein, Rachela [>Blavat] A-21564	02.02.22 Mszana Dolna [11.02.1922] Tarnow – Plasz.	Befreit in Theresienstadt SVHF 2737, TDB [>*Hertine*]
59207 CZE	Fialová, [Fiala] Hanna [>Malkha]	21.02.1923 Strakonice [Klatovy Cd][Et]	Befreit in Theresienstadt SVHF 45370, TGB1046 ITS TD 455671
59208 CZE	Fischl[ová], Karolina	13.01.1898 [13.01.1904] [Dep.:Prag Aaw][Et]	Befreit in Theresienstadt TGB863, IWM 9161 ITS TD 722647

59209 HUN*	Fixler, *Pollak Bella [>Braun] A-17344	21.03.1930 Felsövisó [21.03.1926] Aknaslatina	Befreit in Theresienstadt Lud87ff., TDB10.12.27 ITS TD 433234
59210 HUN*	Fleischmann, Hermine A-22386	15.03.1915 Csicso Csicso	Befreit in Theresienstadt TDB ITS TD 551980
59211 CZE	Folkart[ová], Lydia	01.01.1929 [01.01.1926] [Ostrava Bi][Et]	Befreit [Ort unbekannt] TGB958
59212 CZE	Folkart[ová], Ruth	05.06.1926 [05.06.1923][1925] [Ostrava Bi][Et]	Befreit [Ort unbekannt] TGB958: ‚Oederan' ITS TD 1089882
59213 CZE	Fortgang[ová], Minna	26.02.1909 T. [26.02.1916] [Dep:Ostrava Bh][Et]	Befreit in Theresienstadt TGB945 ITS TD 466456
59214 HOL	Frago, Mija [Mina Karels]	30.07.1926 Amsterdam [30.07.1923] [Westerb.7][Et]	Befreit in Theresienstadt TDB
59215 RD	Frankenstein, Ingeborg	28.05.1925 [Dep.: Berlin I/3][Et]	Befreit [Ort unbekannt] TGB243 ITS TD 482203
59216 CZE	Frankl[ová], Han[n]a	17.03.1924 [Dep :Kolin Aac][Et]	Befreit [Ort unbekannt] TGB611: ‚Oederan' ITS TD 362804
59217 CZE	Freud[ová], Maria(na) (Dr.)	22.07.1906 Prag [22.07.1908] [Prag Aap][Et]	Befreit in Theresienstadt TGB758
59218 CZE	Freund[ová], *Kohn Truda	12.05.1923 Olomouc [Olomouc Aao][Et]	Starb in Bergen Belsen 1945 – PoT YV, Salus
59219 HUN*	Fried, Aranka A-21591	07.05.1909 Gagyvendégi Dep.: Gagyvendégi	Befreit in Theresienstadt TDB
59220 HUN*	Fried, Terez (Therese) A-21592	22.07.1905 Gagyvendégi (22.06.1915)	Befreit in Theresienstadt TDB
59221 HOL	Friedberger, Vera	11.06.1925 Hamburg [Westerbork 2][Et] Dep.: Amsterdam	Befreit [Ort unbekannt] TDB
59222 ‚CZE'	Frommer, Franziska	02.08.1914 (1900) [Wien 14b][Et]	Befreit in Theresienstadt TGB475:‚Oederan' [>Hertine]

149

59223 CZE	Fürth[ová], Edita [Edith] (Dr.)	13.01.1914 Susice [Dep. : Prag Bd][Et]	Befreit in Theresienstadt TGB900
59224 HOL	Gelber, Ruth	16.07.1920 Rotterdam [Westerbork 7][Et]	Befreit in Theresienstadt TDB
59225 CZE	Gerson[ová], Berta	10.01.1921 Mukacevo [Dep. : Prag Aar][Et]	Befreit in Theresienstadt TGB788, Adler S.742 MS Da Prag 1945 ITS TD 447251
59226 CZE	Gerzon[ová] Gerson, Frieda [>Kostlánová]	28.03.1922 Mukacevo [Dep. :Prag Aae][Et]	Befreit in Theresienstadt TGB636
59227 HOL	Gerson, *Van Adelsberg Roza [Robbi] [>Bernthal]	10.07.1923 Amsterdam [Westerbork 7][Et] [10.07.1925]	Befreit in Theresienstadt SVHF 46254 ITS TD 809107
59228 POL*	Glackenberg, Lota (Lotte) A-19408	04.04.1918 Przemysl [09.04.1918] Boryslaw	Befreit in Theresienstadt TDB ITS TD 356358
59229 POL*	Gold, Czeszlawa [>Vogel] A-21684	18.06.1910 Krakau [18.06.1912] Krakau Plaszow	Befreit in Theresienstadt TDB ITS TD 971936
59230 HOL	Goldberg, Margit (Margot)	01.10.1924 Köln [Westerbork 4][Et]	Befreit in Theresienstadt TDB
59231 HOL	Goldberg, Mirjam	19.12.1922 Köln [Westerbork 4][Et]	Befreit in Theresienstadt TDB
59232 HOL	Goldberg, Ruth Ellen	14.02.1929 Köln [14.02.1926] [Westerb. 4][Et]	Befreit in Theresienstadt TDB
59233 CZE	Goldberger[ová], Alice [>Frisová]	08.04.1913 Budweis [08.04.1915] [Prag Bf][Et]	Befreit in Theresienstadt TGB914: ‚Oederan' ITS TD 931749
59234 HUN*	Goldberger, Erszebet (Elisabeth) A-22486	21.01.1925 Nagymagyer [02.01.1923] Dep.: Nagymagyer	Befreit in Theresienstadt TDB ITS TD 447279
59235 HUN*	Goldberger, Margit A-17436	07.02.1906 Egyek Gyöngyös	Befreit in Theresienstadt TDB ITS TD 532025
59236 HUN*	Goldberger, Olga A-21670	05.05.1915 Oradea [15.05.1915] Oradea	Befreit in Theresienstadt TDB

59237 RD	Golde[r]mann, *Berger Ilsa	23.06.1913 Beuthen [Breslau IX/5][Et]	Befreit in Theresienstadt TGB531, Aufbau Degg. ITS TD 301177
59238 CZE	Goldschmiedová Arnostka [Erna]	14.03.1906 Pohorelice [14.03.1909] [Brno K][Et]	Befreit in Theresienstadt TGB218 ITS TD 470030
59239 RD	Goldschmidt, Inge(borg) [>Oppenheimer]	13.04.1929 Köln [13.04.1927] [Berlin I/86][Et]	Befreit in Theresienstadt SVHF11370, TGB245 ITS TD 145614
59240 ,RD'	Goldschmidt (Marlene) Marie [Marianne]	27.03.1928 Bremen [27.03.1926] [Prag Aal][Et]	Befreit [Ort unbekannt] Aufbau D., ,TGB695!' ITS TD 437904
59241 CZE	Goldschmiedová, Ruth [>Sax][Sachsová]	06.07.1928 Brno [06.07.1925] [Brno K][Et]	Befreit in Theresienstadt SVHF46601, TGB218 ITS TD 474105
59242 POL*	Goldstein, *Einhorn Janina A-21640	31.08.14 Wadowice Krakau Plaszow 31.08.1913	Befreit in Theresienstadt TDB, Kennkarte 04579 ITS TD 573586
59243 CZE	Gross[ová], Edita [Edith]	01.11.1908 Budweis [01.11.1914] [Prag Cc][Et]	Befreit in Theresienstadt TGB1034 ITS TD 202372
59244 HOL	Gross, Ursula	11.02.1924 Gelsenkirchen [Westerbork 7][Et]	Befreit in Theresienstadt TDB
59245 HUN*	Grün, Erzsebet (Elisabeth) A-23806	10.06.1915 Nagymagyer [Dep. : Raab]	Befreit in Theresienstadt TDB ITS TD 467242
59246 HUN*	Grün, [Brünn] Margit A-17209	11.10.1921 Tornalya [11.10.1920] Dep.: Tornalya	Befreit in Theresienstadt TDB ITS TD 368900
59247 HUN*	Grün, [Brünn] Sarolta (Charlotte) A-17210	30.10.1915 Tornalya Tornalya [30.09.1915]	Befreit in Theresienstadt TDB ITS TD 6702237
59248 HUN*	Grünwald, Izabella A-22431	14.04.1925 Guta [11.04.1924] Dep.: Guta	Befreit in Theresienstadt TDB ITS TD 633691
59249 HUN*	Grünwald, Sara A-22430	12.11.1930 Guta [12.11.1925] Dep.: Guta	Befreit in Theresienstadt TDB ITS TD 1165222
59250 HUN*	Gubi[ová], Adela [Adel] A-23805	13.02.1927 Dep.: Komárno	Befreit in Theresienstadt TDB

59251 RD	Guttmann, Greta [>Grete Elias]	05.05.1921 Wien [Dep.: Wien 13][Et]	Befreit in Theresienstadt TGB439 ITS TD 2088706
59252 HUN*	Györi, Vera A-23807	17.01.1922 Komárno Dep.: Nagymagyer	Befreit in Theresienstadt TDB
59253 CZE	Haas[ová], Greta [Grete]	21.10.1914 [21.10.1919] [Prag De][Et]	Befreit in Theresienstadt TGB1216 ITS TD 159756
59254 HUN*	Haber, Vera [>Smidl] AuNo.: A-23831	24.09.1921 Guta [Dep.: Guta]	Befreit in Theresienstadt TDB ITS TD 555663
59255 CZE	Hahn[ová], Irene [>Sopková]	02.07.1929 [02.07.1925] [Prag De][Et]	Befreit [Ort unbekannt] TGB1216: ,Auschwitz'
59256 POL*	Hammel, Karola [>Jakubowicz] A-17586	28.08.1922 Krakau Krakau Plaszow	Befreit in Theresienstadt TDB ITS TD 523415
59257 POL*	Hammel [Hammer], Nina [>Miesing] A-17585	09.09.1918 Krakau [09.09.1921] Tarnow – Plaszow	Befreit in Theresienstadt SVHF 1892, TDB ITS TD 565273
59258 POL*	Hauptmann, Rachela A-21704	13.07.1913 Schodnica Drohobyz	Befreit in Theresienstadt TDB ITS TD 374976
59259 POL*	Rolnicka [Hauser], Fela A-17573	09.10.1910 Krakau [09.10.1916] Krakau Plaszow	Befreit in Theresienstadt TDB ITS TD 346503
59260 POL*	Hauser, Maria A-17574	22.01.1913 Krakau [1923] Krakau Plasz.	Befreit in Theresienstadt TDB ITS TD 341717
59261 RD	Hecht Erika Hannelore	28.08.1930 [28.08.1926] [Berlin I/90][Et]	Befreit [Ort unbekannt] TGB246: ,Auschwitz' ITS TD 277350
59262 RD	Hecht, Ruth Rosa	24.12.1920 [Berlin I/90][Et]	Befreit [Ort unbekannt] TGB246: ,Auschwitz' ITS TD 294786
59263 RD	Heymann [Heimann], Ruth	18.01.1914 Berlin [Berlin I/100][Et]	Befreit in Theresienstadt TGB247 ITS TD 460054
59264 CZE	Hermann[ová], Marketa [>Mandlerová]	10.10.1909 Lobkowice [10.10.1914] [Prag Cv][Et]	Befreit in Theresienstadt TGB1184

152

59265 CZE	Hermann[ová], Eliska [Michaela]	28.02.1928 Prag [Dep.: Prag Cv][Et]	Befreit in Theresienstadt TGB1184 ITS TD 546361
59266 RD	Hess, Ingrid	29.07.1927 Ober-Asphe [29.07.1926] [Kassel 1][Et]	Befreit in Theresienstadt ,TGB696!', ,Koblenz1310!' ITS TD 1141471
59267 HOL	Heymann, Ellen Beate	04.12.1927 Düsseldorf [04.01.1925] [Westerbork 7][Et]	Befreit in Theresienstadt TDB
59268 HOL	Heymann, Ilse	26.06.1902 Münster [04.10.1905] [Westerbork 7][Et]	Befreit in Theresienstadt TDB
59269 HUN*	Tigerman [Hagermann] Melita [>Mirl Kohen] A-22886	15.01.1926 Tiszalök Komárom - Plaszow	Befreit in Theresienstadt SVHF 48684, TDB
59270 HOL	Hirschfeld, Rosemarie [>Collins]	30.06.1924 Duisburg [30.06.1923] [Westerbork 2][Et]	Befreit in Theresienstadt SVHF 28986, TDB ITS TD 1754275
59271 RD	Hoffnung, Steffi	25.03.1926 Breslau [25.02.1925] [Breslau 4][Et]	Befreit in Theresienstadt TGB502
59272 CZE	Hofmeister[ová], Grete [>Klingsberg]	11.09.1929 Wien [11.09.1926] [Brno Ac][Et]	Befreit in Theresienstadt SVHF 27285, TGB403 ITS TD 370402
59273 CZE	Horner[ová], Eva [>Wantochová]	11.06.1920 Wien [11.06.1921] [Prag De][Et]	Befreit in Theresienstadt TGB1216 ITS TD 510451
59274 CZE	Horner[ová], Stel[l]a [>Ternerová]	10.06.1922 Wien [Dep.: Prag De][Et]	Befreit in Theresienstadt TGB1216 ITS TD 535456
59275 POL*	Hoser (Poser) Rosa A-21945	19.12.1928 Mielec [19.12.1920] Krakau Plaszow	Befreit in Theresienstadt TDB ITS TD 367779
59276 [RD]	Anders, Gertrude	27.08.1920 Wien [21.08.1920] [Dep.: Wien11][Et]	Befreit in Theresienstadt TGB395 [>*Hertine*]
59277 POL*	Janover, [Jannover] Hana A-19481	26.10.1920 Hrubieszow Hrubieszow	Befreit in Theresienstadt TDB ITS TD 352291
59278 CZE	Kaff[ová], Marie	02.09.1924 Brünn [Dep.: Brno Ah][Et]	Befreit in Theresienstadt TGB462

59279 CZE	Kahn[ová], Han[n]a	31.07.1923 Berlin [Dep.: Prag Au][Et]	Befreit in Theresienstadt TGB550
59280 CZE	Katz Erna [>Nina Summers]	30.08.1923 Ostrava [30.08.1922] [Ostrava Bm][Et]	Befreit [Ort unbekannt] SVHF 19476, TGB984 ITS TD 664790
59281 CZE	Kauders[ová], Antoineta [Antoinette]	31.05.1922 [Dep.: Prag M][Et]	Befreit [Ort unbekannt] TGB247: ‚Oederan' ITS TD 484792
59282 CZE	Käufler[ová], Edith [>Friedländer]	08.01.1922 Wien [Dep.: Prag Au][Et]	Befreit in Theresienstadt SVHF15978, TGB550 ITS TD 522897
59283 HUN*	Kellner, Leona A-22612	21.11.1918 Budapest [21.10.1918] Budapest	Befreit in Theresienstadt TDB ITS TD 971160
59284 CZE	Klein[ová], Anna	15.02.1911 Prag [15.02.1915] [Prag Cw][Eo]	Befreit in Theresienstadt TGB1189 ITS TD 562571
59285 POL*	Klein, Hela A-21791	05.01.1918 Tarnow [15.01.1914]	Befreit in Theresienstadt TDB ITS TD 378697
59286 HUN*	Klein, Jolan A-19539	01.04.1919 Budapest [01.04.1926][Bicske]	Befreit in Theresienstadt TDB ITS TD 510168
59287 HUN*	Klein, Klara A-21761	24.05.1928 Szerdro [24.05.1924] [Szikszö]	Befreit in Theresienstadt TDB ITS TD 916723
59288 CZE	Klinger[ová], Emilie [>Tomska]	24.06.1924 Klucov [24.06.1921] [Prag AAs][Et]	Befreit in Theresienstadt SVHF 23915, TGB803
59289 CZE	Klinger[ová], Han[n]a [>Marková]	20.04.1920 Prag [20.04.1923] [Prag M][Et]	Befreit [Ort unbekannt] SVHF 22583, TGB247
59290 CZE	Kluger[ová], Mariana [Marianne]	15.06.1923 [Dep.: Prag Di][Et]	Befreit [Ort unbekannt] TGB1237: ‚Oederan' ITS TD 825125
59291 HUN*	Knapp, Erzsebet (Elisabeth) A-17658	07.02.1902 Budapest [07.02.1906] [Dep.: Tokod]	Befreit in Theresienstadt TDB
59292 CZE	Kohn[ová], Katerina [>Olivová]	21.06.1929 Prag [21.06.1926] [Prag At][Et]	Befreit in Theresienstadt SVHF 9715, TGB536

154

59293 CZE	Kohn[ová], Maria	01.07.1909 [01.07.1914] [Prag M][Et]	Befreit [Ort unbekannt] TGB247: ,Oederan' ITS TD 453995
59294 ,RD'	Kohn[ová], Ruth	12.10.1927 [12.10.1926] [Prag Cv][Et]	Befreit [Ort unbekannt] TGB1185: ,Auschwitz' ITS TD 517713
59295 CZE	Koreff[ová], Marie	17.04.1905 Bruggen [17.04.1915] [Prag Cv][Et]	Befreit in Theresienstadt TGB1185
59296 CZE	Koretz[ová] [Koreg], Anna	22.09.1908 Budweis [22.09.1914] [Prag Dh][Et]	Befreit in Theresienstadt TGB1225 ITS TD 946815
59297 RD	Kornfeld, Gertrud	16.03.1922 Wien [Dep.: Wien 11][Et]	Befreit in Theresienstadt TGB396, Aufbau Degg. ITS TD 373087
59298 CZE	Kosková [,Kosak'] Eliska [Elise] [>Fábryová]	06.05.1916 Wien [06.05.1915] [Dep.: Prag Ba][Et]	Befreit in Theresienstadt SVHF 22507, TGB884
59299 CZE	Kovanicová [Kowanic], Han[n]a [>Pustinová]	13.05.1920 Prag [Dep.: Prag AAs][Et]	Befreit in Theresienstadt TGB804
59300 CZE	Krämer[ová], Eva [>Alterová]	07.06.1928 Prag [06.07.1926] [Prag Di][Et]	Befreit in Theresienstadt TGB1237 ITS TD 433984
59301 CZE	Kramerová [Krammer], Hedvika [Hedwig]	25.11.1914 Prag [25.11.1916] [Prag Cv][Et]	Befreit in Theresienstadt TGB1185 ITS TD 797602
59302 CZE	Krátká, Marta	14.05.1908 Orlová [14.05.1918] [Prag Di][Et]	Befreit in Theresienstadt TGB1237 ITS TD 425237
59303 CZE	Krausová ['Krausz'], Herta	11.11.1909 Abbazzia [11.11.1919] [Prag Di][Et]	Befreit in Theresienstadt TGB1237
59304 HUN*	Krausz, Eva A-22582	16.04.1930 D. [16.04.1928] Dunaszardahely - Plaszow	Befreit in Theresienstadt DEGOB 95 ITS TD 911161
59305 HUN*	Krausz, Rozsi A-19485	19.12.1928 Nagykallo [19.12.1927] Nagykallo	Befreit in Theresienstadt TDB ITS TD 360291
59306 CZE	Kubat[ová], Aloisie Vilma	15.09.1893 [15.10.1914] [Prag Au][Et]	Befreit [Ort unbekannt] TGB565 ,Oederan'

59307 CZE	Kubicková [Kubicek], Lizzy [Lizi][Horácková]	28.08.1920 Trebic [Dep.: TrebicAw][Et]	Befreit in Theresienstadt TGB587
59308 CZE	Kunová [Kuna], Hilda [Hilde]	18.09.1906 Jihlava [18.09.1915] [Kolin AAc][Et]	Befreit in Theresienstadt TGB611
59309 CZE	Lachowitzová [Lahovic], Gertrud[Gerta] [>Skalsky]	22.02.1925 Teplice [Prag Ao][Et]	Befreit in Theresienstadt SVHF 2743, TGB520 ITS TD 1514105
59310 CZE	Lachowitzová [Lahovics], Hedvika [Hedi]	19.02.1903 Gainfam [19.02.1907] [Prag Ao][Et]	Befreit in Theresienstadt TGB520 ITS TD 749231
59311 CZE	Lachowitzová [Lahovics], Judith [>Nachum]	07.07.1928 Teplice [07.07.1927] [Prag Ao][Et]	Befreit in Theresienstadt SVHF 4287, TGB520 ITS TD 490279
59312 HUN*	Lampel, Ibolya A-22639	24.02.1922 Joka Nagymagyer – Plasz.	Befreit in Theresienstadt TDB ITS TD 215650
59313 CZE	Lampl[ová], Helene [>Krouská]	12.09.1921 Znojmo [Trebic Aw][Et]	Befreit in Theresienstadt TGB587
59314 CZE	Laufer[ová], Bety [Betty]	07.03.1900 Berlin [07.03.1905] [Prag L][Et]	Befreit in Theresienstadt TGB232 ITS TD 394990
59315 POL*	Lebowic [Lebovits], Chana A-19569	05.02.1928 Krakau [15.02.1924] [Plaszow]	Befreit in Theresienstadt TDB
59316 CZE	Zeckendorfová [>Kutzinski], Liza [,Leckerdorf Liese']	02.07.1925 [Dep.: Prag X][Et]	Befreit [Ort unbekannt] TGB363 ‚Flossenbürg' ITS TD 271640
59317 CZE	Lengsfeld[ová], Milena	03.11.1927 Prag [03.02.1925] [Prag Di][Et]	Befreit in Theresienstadt TGB1238
59318 HUN*	Lenz [,Lemz'], Alice [,Aliz.'] A-17762	01.05.1921 Tormalja Tornalja	Befreit in Theresienstadt TDB ITS TD 361756
59319 HUN*	Lichtenstein, Gizella A-19575 [FloNo.:57230]	02.05.1920	Schicksal ungeklärt 17.10.44 n. Ravensbrück überstellt [Schwangerschaft ?]
59320 HUN*	Liebmann, Hilda A-23867	21.01.1924 Nizny Caj Nizny Caj	Befreit in Theresienstadt TDB

156

59321 CZE	Lindenberger[ová], Gerda	28.12.1912 Ostrava [28.12.1915] [Prag Dh][Et]	Befreit in Theresienstadt TGB1225
59322 CZE	Löwy[ova], Eliska [Elsa]	30.11.1904 Bystrice [30.11.1914] [Prag Am][Et]	Befreit in Theresienstadt TGB506
59323 HUN*	Löwy, Erzsebet (Elisabeth) A-17756	18.05.1928 Tatabanya [18.05.1927] Banhida	Befreit in Theresienstadt TDB ITS TD 396941
59324 HUN*	Löwy, Ilona A-17758	02.02.1924 Tatabanya [02.03.1924] Banhida	Befreit in Theresienstadt TDB
59325 HUN*	Löwy, (Löwi) Julianna (Julia) A-17757	02.03.1902 Olaska [09.02.1904] Komarno	Befreit in Theresienstadt TDB
59326 CZE	Löwy[ová], Jutta	20.10.26 Karlovy Vary [20.10.1924] [Prag Ca][Et]	Befreit in Theresienstadt TGB1000 ITS TD 437812
59327 CZE	Luftig[ová], Frida Amalie [Amalia]	22.03.1916 Brno [Dep.: Prag Cc][Et]	Befreit in Theresienstadt TGB1035 ITS TD 1053553
59328 CZE	Margolius[ová], Marta [Martha]	15.04.1915 Beischt [15.04.1917] [Prag L][Et]	Befreit in Theresienstadt TGB233 ITS TD 766161
59329 CZE	Marxová [Mark], Ilsa Zuzka	30.08.1930 Offenbach [30.08.1926] [Prag N][Et]	Befreit in Theresienstadt TGB263 ITS TD 616906
59330 RUS*	Makarowa, [Dr.] Zinaida (Zina) AuNo.: 77347	24.10.1905 Worosilovsk Moskau [Lagerärztin]	Befreit in Theresienstadt TDB [ITS ?]
59331 HOL	Mausner, Toni	09.04.1917 [Westerbork 7][Et]	Befreit in Theresienstadt TDB ITS TD 649403
59332 HOL	Meyer ['Mayers'] Edith [Houben]	30.09.1911 Dortmund [30.09.1915] [Westerb. 4][Et]	Befreit in Theresienstadt TDB
59333 CZE	Meisel[ová], Gerda [>Fischerová]	02.07.1924 [Brno G][Et]	Befreit [Ort unbekannt] TGB187 ‚Oederan' ITS TD 982060
59334 CZE	Meisslová [‚Meisel'], Hana [Hanna]	01.01.1921 Prag [Prag N][Et]	Befreit in Theresienstadt TGB263

59335 HOL	Menkel, Margot [>Opdenburg-Mandel]	15.04.1922 Leer [Westerbork 2][Et]	Befreit in Theresienstadt TDB, USHMM1997.A.0117 ITS TD 428444
59336 CZE	Müller[ová], Gerta [Gerda] [>Cisarova]	20.09.1922 Hodonin [20.09.1921] [Prag Ck][Et]	Befreit in Theresienstadt TGB1109 ITS TD 284160
59337 CZE	Müller[ová], Ludmil[l]a [>Kárová]	10.10.1920 [Prag De][Et]	Befreit [Ort unbekannt] TGB1217 ,Oederan'
59338 CZE	Nettl[ová], Ruzena [Rosa]	10.03.1908 Brod [10.03.1918] [Prag L][Et]	Befreit in Theresienstadt TGB233
59339 RD	Neuberger, *Kolb Erna	31.07.1923 Nürnberg [Nürnberg II/28][Et]	**Starb in Bergen Belsen 1945** - PoT YV, Salus Foto

59340 CZE	Neumann[ová], Alena F: vgl. 59342	22.08.1925 [Prag Dh][Et]	Befreit [Ort unbekannt] TGB1225,Flossenbürg' ITS TD 303790
59341 CZE	Neumann[ová], Eva	18.05.1927 [22.08.1925] [Prag Dc][Et]	Befreit [Ort unbekannt] TGB1202 ,Oederan'
59342 CZE	Neumann[ová], Irena [Irene] F: vgl. 59340	22.08.1925 [Prag Dh][Et]	Befreit [Ort unbekannt] TGB1225,Flossenbürg' ITS TD 331712
59343 CZE	Neurath[ová], Edita [Edith]	18.11.1920 Wien [10.11.1920] [Prag Di][Et]	Befreit in Theresienstadt TGB1238 ITS TD 462164
59344 HUN*	Neuwelt, Klara **A-18141**	10.03.1911 Nove Mesto Komárno	Befreit in Theresienstadt TDB
59345 HUN*	Neuwirth, Margit **A-18747**	29.08.1926 Nagykálló Nagykálló	Befreit in Theresienstadt TDB
59346 HUN*	Ötvös, [Otvös] Maria **A-19682**	13.12.1913 Tatabanya [13.12.1918] Bánhida	Befreit in Theresienstadt TDB
59347 [HOL]	De la Parra, Ester	05.08.1916 Kampen [Westerbork 4][Et]	Befreit in Theresienstadt TDB [>*Hertine*]
59348 [HOL]	De la Parra, Juliette Sophie	02.04.1914 Semarang [Westerbork 4][Et]	Befreit in Theresienstadt TDB [>*Hertine*] ITS TD 1179096

59349 CZE	Passer[ová], Elise [Elisabeth]	25.02.1906 Liberec [15.02.1910] [Prag V][Et]	Befreit in Theresienstadt TGB332 ITS TD 472234
59350 CZE	Passer[ová], Kitty [>Levyová]	09.04.1930 Prag [19.04.1925] [Prag V][Et]	Befreit in Theresienstadt TGB332 ITS TD 384101
59351 HUN*	Pasternak, [Pasternack] Rosa A-18772	26.12.1914 Seletin [26.12.1908] [Gyergyöszent]	Befreit in Theresienstadt TDB ITS TD 133934
59352 HUN*	Perl, Frida A-22727	03.06.20 Wag. Farkasd Csicso	Befreit in Theresienstadt TDB ITS TD 357613
59353 CZE	Pfeffer[ová], Elvira	08.09.1907 Pohorelice [08.09.1909] [Brno Af][Et]	Befreit in Theresienstadt TGB447
59354 CZE	Pfeffer[ová], Judita [Judith]	26.06.1929 [26.06.1926] [Brno Af][Et]	Befreit [Ort unbekannt] TGB447 ,Oederan'
59355 CZE	Pick[ová], Ruth	13.11.1913 [13.11.1915] [Prag De][Et]	Befreit in Theresienstadt TGB1217 ITS TD 187313
59356 POL*	Pinzler, (Pinsler) Rosa A-21953	26.06.1917 Jaliska Krasno	Befreit in Theresienstadt TDB ITS TD 356464
59357 POL*	Planzer, *Geier Anna A-19687	10.09.1910 Krakau [16.09.1909] Plaszow	Befreit in Theresienstadt TDB [>Hertine] Kennkarte ITS TD 406235
59358 CZE	Podvincová ['Podvinec'], Terezie [>Kubinová]	19.03.1917 Pardubice [19.03.1920] [Prag V][Et]	Befreit in Theresienstadt TGB332 ITS TD 469850
59359 CZE	Podzahradská, [Kitty] Katerina [>Lea Cohen]	18.10.1925 [Brno Ae][Et]	Befreit [Ort unbekannt] TGB433 ,Auschwitz' ITS TD 357309
59360 RD	Pollak, Alma Hildegard	27.03.1905 Czernowitz [Dep.: Wien 12][Et]	Befreit in Theresienstadt TGB417, Aufbau Wien ITS TD 947617
59361 CZE	Poláková [Pollak], El[l]a [«Tella»]	13.06.1911 Liberec [Dep.: Prag V][Et]	Befreit in Theresienstadt TGB332, Zimmer 28 Foto S.78 ITS TD 461971
59362 CZE	Pollaková, Han[n]a [Handa] [>Drori]	04.11.1931 [15.09.1926] [Prag AAr][Et]	Befreit in Theresienstadt TGB788,Zimmer 28,S82 Foto, ITS TD 420486

59363 CZE	Pollák[ová], Helga Marie [>Kinsky]	28.05.1930 Wien [Et] [28.05.1926] [Uhersky Brod Cn]	Befreit in Theresienstadt SVHF 22636, TGB1142 Zimmer 28, Tagebuch ITS TD 739567
59364 'CZE'	Polak [Pollak], Cornelia [Kornelia]	04.05.1917 Amsterdam [Westerbork 4][Et]	Befreit in Theresienstadt TDB [>*Hertine*] ITS TD 207000
59365 CZE	Pollák[ová], Zuzana [Suse] [>Reinisch]	17.04.1916 Brno [Brno Af][Et]	Befreit in Theresienstadt TGB447
59366 CZE	Popper[ová], Zdenka	16.09.1909 Kolinec [16.09.1914] [Prag AAu][Et]	Befreit in Theresienstadt TGB834, USHMM ITS TD 360385
59367 CZE	Porges[ová], Hana [Hanna]	25.09.1915 Prag [Prag AAu][Et]	Befreit in Theresienstadt TGB834
59368 HUN*	Porgesz, Sara A-22731	06.12.28 Nagymagyer [06.04.1923] Nagymagyer	Befreit in Theresienstadt TDB
59369 HUN*	Porgesz, Szeren A-22733	24.09.29 Nagymagyer [24.09.1924] Nagymagyer	Befreit in Theresienstadt TDB
59370 POL*	Rappaport, Betty A-19777	23.01.1929 Drohobyz [23.01.1926] [Krakau Plaszow]	Befreit in Theresienstadt TDB ITS TD 481046
59371 POL*	Rappaport, Elsa [Elza] A-19778	10.04.1905 Drohobyz [10.05.1909] [Plaszow]	Befreit in Theresienstadt TDB ITS TD 496152
59372 CZE	Redisch[ová], Helena	12.04.1925 Prag [12.04.1924] [Prag Bg][Et]	Befreit in Theresienstadt TGB931
59373 'CZE'	Reich, Gertrude	18.05.1910 Brno [1920][Wien12][Et]	Befreit in Theresienstadt TGB418
59374 'POL*	Reichmann, Magda A-18815	12.09.1930 Balkany [12.08.1928] Balkany	Befreit in Theresienstadt TDB
59375 CZE	Reiss, [Kannerová] Olga	09.11.1919 [09.11.1914] [UherskyBrod Cp][Et]	Befreit [Ort unbekannt] TGB1169 ITS TD 1034759
59376 [RD]	Remak, ['Remark'] Gizella	18.07.1908 [18.07.1914] [Berlin 90][Et]	Befreit [Ort unbekannt] TGB260 [>*Hertine*]

160

59377 HOL	Ricardo, ['Rikardo'] Ella	20.10.1919 Amsterdam [Westerbork 4][Et]	Befreit in Theresienstadt TDB
59378 HOL	Rimini, Helene	17.08.1922 Amsterdam [Westerbork 4][Et]	Befreit in Theresienstadt TDB
59379 CZE	Roubicková ['Robitschek'], Edita [Edith]	01.02.1926 [01.02.1921] [Prag AAl][Et]	Befreit [Ort unbekannt] TGB703 ,Oederan'
59380 CZE	Rosenbaum[ová], Kamila [>Ronová] B: Choreographin	28.8.1908 Wien [28.08.1912] [Kladno Y][Et] B: Broučci/Brundibár	Befreit in Theresienstadt TGB375,Zimmer28S89 Foto Judith Brin Ingber ITS TD 1117087
59381 POL*	Rosenberg, Helena [Helen] A-19779	12.02.1911 Tarnów [11.02.1911] [Plaszow]	Befreit in Theresienstadt TDB ITS TD 353892
59382 POL*	Roth, [Dozia] Dora [>Leibowitz] A-19766	08.03.1929 Drohobyz [08.03.1923] Drohobyz -Plaszow	Befreit in Theresienstadt SVHF 5539, TDB ITS TD 307112
59383 POL*	Roth, Fania [Tanie] A-19767	25.03.1906 Drohobyz [25.08.1905] Plaszow	Befreit in Theresienstadt TDB ITS TD 343477
59384 HUN*	Rottenberg, Ella [Ellsa] A-22738	04.04.1927 Tornalya [04.04.1925] Tornalya	Befreit in Theresienstadt TDB ITS TD 708950
59385 CZE	Rovenská [Rovensky], Blanka	14.01.1922 Prag [Pardubice Cg][Et]	Befreit in Theresienstadt TGB1076 ITS TD 638737
59386 CZE	Rovenská [Rovensky], Zdenka	19.07.1899 Chodov [19.07.1909] [Prag Ck][Et]	Befreit in Theresienstadt TGB1109
59387 CZE	Sachs[ová],[Nováková] Hermina Herta [Helena]	29.09.1917 Prag [Dep.: Prag Am][Et]	Befreit in Theresienstadt TGB506 ITS TD 207210
59388 CZE	Saborská [Saborsky], Irma	09.03.1901 Vitkovice [09.03.1908] [Prag Dh][Et]	Befreit in Theresienstadt TGB1226 ITS TD 426245
59389 CZE	Saborská [Saborsky], Ruth	18.10.1925 Vitkovice [Dep.: Prag Dh][Et]	Befreit in Theresienstadt TGB1226 ITS TD 500871
59390 HUN*	Salamon, Edith [>Kopel] A-22818	28.08.1926 Nagymegyer Veľký Meder [28.08.1925] Komárom - Plaszow	Befreit in Theresienstadt SVHF 21586, TDB(29) ITS TD 554415

59391 HUN*	Salamon, Livia [>Leah Geron] A-22817	02.11.1927 Nagymegyer [02.11.1926](1930) Komárom - Plaszow	Befreit in Theresienstadt SVHF 23026, TDB ITS TD 554991
59392 CZE	Salus[ová] Margarete [Grete]	20.06.1910 B.Trübau [22.06.1916][1907] [Prag Cc][Et]	Befreit in Theresienstadt Niemand –nichts ein Jude [TGB1030!] ITS TD 484152
59393 CZE	Schallinger[ová], Traute	13.08.1918 [Dep. :Brno G][Et]	Befreit [Ort unbekannt] TGB187 ,Oederan' ITS TD 166775
59394 CZE	Schick[ová], Eva	13.07.1922 [Dep.: Prag Ck][Et]	Befreit in Theresienstadt TGB1109 ITS TD 141010
59395 CZE	Schlanger[ová], Ruzena [Rosi]	29.11.1919 Schönbrunn [Dep.: Prag V][Et]	Befreit in Theresienstadt TGB333
59396 CZE	Schönfeld[ová], Aurelie Nelly [Relli]	07.01.1915 Jistebnik [Dep.:Ostrava Bi][Et]	Befreit in Theresienstadt TGB959
59397 HUN*	Schönthal, Magda A-22855	17.09.1929 Nagymagyer [1926] Nagymagyer	Befreit in Theresienstadt TDB
59398 ,CZE'	Schreiber, [Weiner] Lotte	16.06.1917 Mies [Westerbork 5][Et]	Befreit in Theresienstadt TDB ITS TD 536189
59399 RD	Schrott, Klara Fanny [>Bauer]	10.03.1900 Wien [10.03.1910] [Wien 13][Et]	Befreit in Theresienstadt Aufbau Wien, TGB441
59400 CZE	Schück[ová]. Anna [Annemarie]	12.07.1891 Jihlava [12.07.1905] [Prag W][Et]	Befreit in Theresienstadt TGB348 ITS TD 397720
59401 CZE	Schulhof[ová], Ruzena [Rosi] [>Sulanová]	15.09.1906 Bratislava [15.09.1908] [HradecKral.Ch][Et]	Befreit in Theresienstadt TGB1086 ITS TD 657316
59402 POL*	Wechselberg [,Schulman'] Ida A-22038	15.06.1912 Drohobyz Krakau-Plaszow	Befreit in Theresienstadt TDB ITS TD 914689
59403 HUN*	Schwarz (,Reichmann') Erzsebet (Elisabeth) A-18814	02.09.1901 Hajduderog Dep.: Balkany	Befreit in Theresienstadt TDB
59404 POL*	Schwarz-Stern, Regina A-22039	06.02.1916 Mielec Dep.: Tarnow - Plasz.	Befreit in Theresienstadt TDB ITS TD 404130

162

59405 CZE	Schwenk[ová], Charlota	15.08.1909 [Dep.: Prag L][Et]	Befreit [Ort unbekannt] 12.03.45B.-B. TGB234
59406 RD	Siegel, Herta [>Buchwald]	01.05.1921 Wien [Dep.: Wien 11][Et]	Befreit in Theresienstadt TGB396
59407 CZE	Silbinger[ová], Vera [>Schimmerlingová]	26.01.1925 [Olomouc AAm][Et]	Befreit in Theresienstadt TGB716 ITS TD 161401
59408 CZE	Schimková [Simko], Laura	11.06.1902 Luhacovice [11.06.1906][1905] [Hradec Kr. Ch][Et]	Befreit in Theresienstadt TGB1086 Zimmer 28 S.76f.
59409 HUN*	Simonovits, Agnes A-22843	03.10.1923 Tornalya [Dep.: Tornalya]	Befreit in Theresienstadt TDB ITS TD 400790
59410 POL*	Stopnicka [Spopnicka], Lusia [Lucia] A-22060	14.04.1925 Krakau [Krakau Plaszow]	Befreit in Theresienstadt TDB, HVT-1142 ITS TD 417357
59411 HUN*	Steiner, Eva A-19834	25.06.1927 Samoszeg [25.06.1926] Samoszeg	Befreit in Theresienstadt TDB
59412 HUN*	Steiner, Mathilde [Matla] A-19835	03.08.1929 Samoszeg [03.08.1927] Samoszeg	Befreit in Theresienstadt TDB ITS TD 965450
59413 POL*	Steiner, Regina [>Lewis] A-19780	02.09.1919 Krakau Krakau Plaszow	Befreit in Theresienstadt SVHF 354, Kennkarte ITS TD 450631
59414 CZE	Steinsberg[ová], Ilse [*Gesslerová]	11.06.1918 Kromeriz [Olomouc AAf][Et]	Befreit in Theresienstadt SVHF 14939, TGB650 Starb: 15.07.2003 Prag
59415 HUN*	Stern, Edith A-22858	23.09.1930 Komarno [23.09.1926] [Plaszow]	Befreit in Theresienstadt TDB ITS TD 520354
59416 HUN*	Stern, Lea [>Klein] A-22857	30.09.1930 Komarno [30.03.1927] [Plaszow]	Befreit in Theresienstadt Lud 59, TDB ITS TD 499892
59417 HOL	Strauss, Karola [>Marion Sapir]	20.12.1926 Frankfurt am Main [20.12.1925] [Westerbork 2][Et]	Befreit in Theresienstadt SVHF 7471
59418 HUN*	Strausz [Strauss], Eva Susanna A-22844	08.08.1921 Szombáthely [Dep.: Rozsnye]	Befreit in Theresienstadt TDB

59419 CZE	Tanzer[ová], Alzbeta Eva	06.03.1917 [Dep.:Prag AAu][Et]	Befreit [Ort unbekannt] TGB834 ‚Oederan' ITS TD 441589
59420 CZE	Taussig, Edith [Assorová Rahel] [>Mallinger]	10.01.1920 Leitmeritz [Dep.:Prag Di][Et]	Befreit in Theresienstadt SVHF 12566,TGB1239 ITS TD 490009
59421 CZE	Teller[ová], Trude	24.07.1912 [24.07.1915] [Prag Cc][Et]	Befreit [Ort unbekannt] TGB1036 ‚Oederan'
59422 HUN*	Tischler, Ilonka A-19888	21.10.1912 Nagykálló [21.10.1911] Nagykálló	Befreit in Theresienstadt TDB ITS TD 1556563
59423 HUN*	Tischler, Klara A-19887	25.01.1916 Nagykálló [23.01.1914] Nagykálló	Befreit in Theresienstadt TDB ITS TD 951693
59424 POL*	Trattner [Tratthke] Genia A-22156	18.03.1915 Lesko [Krakau Plaszow]	Befreit in Theresienstadt TDB
59425 CZE	Traub[ová], Marie [Marianne] [>Maru de Werner]	30.03.1917 [30.03.1920] [Dep.: Prag AAr][Et]	Befreit [Ort unbekannt] TGB789 ‚Oederan' SVHF 32678 ITS TD 699702
59426 HUN*	Treuer [Trauer], Piroska A-19890	18.11.1905 Nagykálló Nagykálló	Befreit in Theresienstadt TDB
59427 HUN*	Teitelbaum, Ilona A-18058	05.12.1915 Tornalya [15.12.1915] Tornalya	Befreit in Theresienstadt TDB ITS TD 605278
59428 CZE	Ungerová [Ungar], Charlota [Lotte] F: 59429	15.05.1926 Chemnitz [Dep. : Brno G][Et]	Befreit in Theresienstadt TGB187, Aufbau Deg. ITS TD 140211
59429 CZE	Ungerová [Ungar], Margit (Margot) F: 59428	26.02.1923 Chemnitz [Dep. : Brno G][Et]	Befreit in Theresienstadt TGB187, Aufbau Deg. ITS TD 140210
59430 CZE	Ungerová [Ungar], Ruth [>Singer]	15.05.1915 Frankfurt an der Oder [13.05.1919] [Brno G][Et]	Befreit in Theresienstadt SVHF 4167, Aufbau ITS TD 142650 Tod: 19.07.2004
59431 HOL	Van Voolen [,Vcolen'], Henriette	02.12.1908 Arnheim [02.11.1908] [Westerb.5][Et]	Befreit in Theresienstadt TDB
59432 CZE	Vrzbová [,Vozba'], Eva	27.06.1921 [Dep.: Prag Cv][Et]	Befreit [Ort unbekannt] TGB1186 ‚Oederan'

59433 CZE	Vrzbová [,Vozba'], Hana [Hanna]	26.12.1922 [Dep.: Prag Cv][Et]	Befreit [Ort unbekannt] TGB1186 ,Oederan'
59434 HOL	Wachsberg, Elisabeth	06.02.1926 [Westerbork 2][Et]	Befreit [Ort unbekannt] TDB ITS TD 290893
59435 ,CZE'	Wachtel, Martha	03.10.1921 Wien [Wien 11][Et]	Befreit [Ort unbekannt] Aufb. Wien, TGB397 ITS TD 354605
59436 POL*	Wagschal, Etka [Efka][Efra] A-22226	17.12.1924 Krosno [17.12.1921] Krosno	Befreit in Theresienstadt TDB ITS TD 324431
59437 HUN	Wall, [Dr.] (,Váll') Eugena (Eugenie)	05.09.1896 Budapest [05.09.1906] Dep.: Sopron	Befreit in Theresienstadt TDB, ITS 03010101 oS Document 3520117
59438 POL*	Weichselbaum, Gitta (Giza) [Weichsekbaim] A-22169	22.03.1920 Tarnow [24.02.16] Tarnow	Befreit in Theresienstadt TDB
59439 SLO	Weiss, Edith [>Etela Melcer] AuNo.: 2429	09.02.1919 Presov [09.01.1921] Presov aus Brünn 28.03.1942	Befreit in Theresienstadt TDB ITS TD 396076
59440 HOL	Werner, Ilse	16.05.1919 Berlin [16.05.1920] [Westerbork 6][Et]	Befreit in Theresienstadt ITS TD 415575 Dutch Survivors
59441 HUN*	Wertheimer, Agnes A-20669	06.12.1926 Balkany [09.07.1925] Nyiregyhaza-Plaszow	Befreit in Theresienstadt TDB ITS TD 746378
59442 HUN*	Wertheimer, Erzsebet A-20670	26.09.1930 Balkany [28.09.1927] Nyiregyhaza-Plaszow	Befreit in Theresienstadt TDB ITS TD 369794
59443 [HUN] HUN*	Wertheimer, Eva Lea A-20868 sic! D.AuI-3/8/2 A-20668 ? vgl. Agnes W.	1922 Balkany [!PoT YV!] [22.09.02] Nyiregyhaza-Plaszow	**Verstarb in Oederan am 11.10.1944** Bestattet: 12.10.1944 Ab.: 16.10.1944
59444 POL*	Wertheimer, Zsusanna A-23994	22.01.1924 Krakau [22.01.1920] Krakau-Plaszow	Befreit in Theresienstadt TDB ITS TD 269217
59445 HUN*	Wesseli, Hermine A-22905	30.04.1929 Nagymagyer [30.03.1926]	Befreit in Theresienstadt TDB ITS TD 523223
59446 HOL	Wetzel, (,Vetzel') Gerda	23.06.1930 Den Haag [23.06.1926] [Westerb.3][Et]	Befreit in Theresienstadt TDB

59447 CZE	Winternitz[ová], Edita [Edith]	12.12.1909 [12.12.1915] [Prag V][Et]	Befreit [Ort unbekannt] TGB333
59448 CZE	Winternitz[ová], Jeny [Jenny]	07.09.1903 Ceska Lipa [07.09.1906] [Prag Di][Et]	Befreit in Theresienstadt TGB1239
59449 CZE	Winternitz, [Schönfeld] Leopoldina [>Simonová]	28.08.1920 Neuhaus [Dep.: Prag AAe][Et]	Befreit in Theresienstadt SVHF 31086, TGB637
59450 CZE	Winternitz[ová] Margita	29.04.1920 Teplice [Dep.:Prag Ck][Et]	Befreit in Theresienstadt TGB1110
59451 CZE	Winternitz[ová], [Suse] Zuzana [>Kochannyová]	05.05.1927 Prag [05.05.1926] [Prag Di][Et]	Befreit in Theresienstadt TGB1239
59452 CZE	Wittenberg[ová], Herta	15.07.1903 Wien [15.07.1905] [Prag Dt][Et]	Befreit in Theresienstadt TGB1249 [>*Hertine*] ITS TD 160030
59453 CZE	Zerkovitz[ová], Edita [Edith]	07.10.1919 [Dep.: Brno U][Et]	Befreit in Theresienstadt TGB318 ITS TD 357165

Überstellung aus Neu Rohlau (Helmbrechts) Ende November 1944

50282 RD	Heilmann, [RD. Aso] Ursula [jüdische Haft]	23.06.1922 Hannover [Dep.: Wolfenbüttel]	Befreit in Theresienstadt TDB, [vgl. Grete Salus] ITS TD 912847

Häftlingsaustausch Hertine-Oederan vom 06.01.1945 [Auschwitz-Hertine 10.10.1944]

54651 HUN	Auspitz, Elza	01.11.1898 Pomáz [01.11.1908] [1899] Dep: Budapest	Befreit in Theresienstadt TDB: Pestszentlörincz
54698 HUN	Biedermann, Ritta	04.02.1930 Mukacevo [10.02.28] (Uzhorod)	Befreit in Theresienstadt TDB, ITS TD 518853
54734 HUN	Fischer, Sara [>Sarah Perl]	01.01.1929 [08.10.1926] Ghetto Baia-Mare	Befreit in Theresienstadt SVHF 21743, TDB ITS TD 499657
54749 HUN	Friedmann, Helen [>Russ]	24.01.1931Mukacevo [24.01.1928] Ghetto Munkács	Befreit in Theresienstadt DEGOB 1302, TDB SVHF 34684 ITS TD 555566

54827 HUN	Hirsch, Elisabeth [Elsa]	15.10.29 Marosszentkir. [05.10.1928] Marosszentkir.	Befreit in Theresienstadt TDB ITS TD 1559442
54831 HUN	Hirsch, Rozsi	22.12.1928 Czernowitz [22.12.1920] Tirgu Mures	Befreit in Theresienstadt TDB ITS TD 207652
54865 HUN	Izrael, Olga	21.11.27 Marossarp. Dep.: Marossarpatak	Befreit in Theresienstadt TDB ITS TD 956668
54870 HUN	Indig, Regina	05.05.1915 Eger [26.05.1914] Slatina	Befreit in Theresienstadt TDB

54896 HUN	Klein, Olga	20.11.1931 Nyiregyhalo [20.11.1927] Budapest	Befreit in Theresienstadt TDB
54939 HUN	Landauer, Eva	15.07.1928 Wien Dep.: Budapest Pest - Ujhely	Befreit in Theresienstadt TDB ITS TD 385532
54941 HUN	Lörincz, [,Lerinz'] Jolan	15.09.1924 Marosvasarhely [15.09.1920] Cluj	Befreit in Theresienstadt TDB
54954 HUN	Lebovicz, Lili	16.04.1929 Sekemice [16.11.28] Sekemice	Befreit in Theresienstadt TDB ITS TD 1536660
55017 HUN	Politzer, Edith	10.10.1926	**Schicksal ungeklärt Nicht identifiziert**

55021 HUN	Pollak, Judith [Földes/Schwarz]	07.03.1930 Nagysöllös [07.03.1926] Ghetto Sevlus	Befreit in Theresienstadt SVHF 22401, TDB ITS TD 525903
55075 HUN	Roth, Agnes	20.08.1930 Magyar-Cseske [20.08.1927] Barátka	Befreit in Theresienstadt TDB Vgl. ITS TD 450392
55076 HUN	Roth, Livia [>Lea Abeles]	19.05.1928 Ghetto Nyiregyháza [Nier Abrany]	Befreit in Theresienstadt SVHF 10624, TDB
55077 HUN	Roth, Susa [>Susana Mozes]	15.11.1927 Bratca Ghetto Oradea	Befreit in Theresienstadt SVHF 22312, TDB ITS TD 576036
55084 HUN	Salamon, Vera [>Hecht] F: vgl. 55085	02.06.1930 [1926] Ghetto Oradea Ermihályfalva	Befreit in Theresienstadt SVHF 2629, TDB ITS TD 207000

55085 HUN	Salamon, Ilona F: vgl. 55084	02.02.1905 Ermihaly. Dep.: Ermihályfalva	Befreit in Theresienstadt TDB ITS TD 968772
55113 HUN	Schwarz, Lenke [Lenka]	14.09.1927	**Verstarb in Oederan am 10.03.1945** Bestattet: 12.03.1945 Ab.: 20.03.1945
55173 HUN	Tiszavari, Margit	06.04.1928	**Schicksal ungeklärt Nicht identifiziert**
55179 HUN	Weber, Frida	24.04.1928 Sátoraljaúhely [24.04.27] Budapest	Befreit in Theresienstadt TDB
55181 HUN	Verö, Anna	19.05.1930 Cluj [19.05.1927] Dep.: Cluj	Befreit in Theresienstadt TDB ITS TD 979567
55188 HUN	Weinberg, Rozsi (Rosa)	21.06.1929 Solsina [24.06.1927] Solsina	Befreit in Theresienstadt TDB
55213 HUN	Weiss, Martha	07.05.1931 Keszthely [07.05.1927]	Befreit in Theresienstadt TDB
55221 HUN	Vali [,Walyi'], Agnes	01.10.1930 Szekszárd [01.10.1927] Szekszárd	Befreit in Theresienstadt TDB
52232 HUN	Zeff, Judith	29.07.1928 Tirgu M. Dep.: Tirgu Mures Marosvasarhely	Befreit in Theresienstadt TDB ITS TD 540443

SVHF = Shoah Visual History - Aufbau = Aufbau Verlag 45/46
TGB = Seitenzahl des entsprechenden Theresienstädter Gedenkbuchs - JA = Jewish Agency 45
PoT YV = Pages of Testimony Yad Vashem [Gedenkblätter] - Düsing, Dü = Dr.Michael Düsing
Lud = Barch 162 / 17247 [Ludwigsburg] - Koblenz = Gedenbuch des Bundesarchivs 2006

Literatur- und Archivalienverzeichnis

Literatur

Bailer, Brigitte. u.a. Jüdische Schicksale. Berichte von Verfolgten.
Stiftung Dokumentationsarchiv des österreichischen Widerstandes.
Erzählte Geschichte Band 3. Wien. 1992 S.542-546.

Benz, Wolfgang. Distel, Barbara. Der Ort des Terrors.
Geschichte der nationalsozialistischen Konzentrationslager. Band 4
C.H. Beck Verlag. München. 2006

Brenner-Wonschick, Hannelore. Die Mädchen von Zimmer 28
Freundschaft, Hoffnung und Überleben in Theresienstadt
Knaur Taschenbuch Verlag. München. 2006

Czech, Danuta. Kalendarium der Ereignisse im KZ Auschwitz-Birkenau
1939-1945. Rowohlt. Reinbek bei Hamburg. 1989

Cziborra, Pascal. KZ Flossenbürg. Gedenkbuch der Frauen.
Lorbeer Verlag. Bielefeld. 2015

Cziborra, Pascal. KZ Freiberg. Geheime Schwangerschaft.
Lorbeer Verlag. Bielefeld. 2015

Cziborra, Pascal. KZ Wilischthal. Unter Hitlerauges Aufsicht.
Lorbeer Verlag. Bielefeld. 2015

Cziborra, Pascal. KZ Zschopau. Sprung in die Freiheit
Lorbeer Verlag. Bielefeld. 2016

Düsing, Michael. Wir waren zum Tode bestimmt. Jüdische Zwangsarbeiterinnen
erinnern sich. Forum Verlag. Leipzig. 2002

Frankl, Michal. Theresienstädter Gedenkbuch. Österreichische Jüdinnen
und Juden in Theresienstadt 1942-1945. Prag. 2005

Karny, Miroslav. Terezinska Pametni Kniha. Zidovske Obeti Nacistickych
Deportaci Z Cech A Moravy. 1941-1945. Theresienstädter Initiative. Melantrich. 1995

Karny, Miroslav. Theresienstädter Gedenkbuch. Die Opfer der Judentransporte aus
Deutschland nach Theresienstadt 1942-1945. Metropol Verlag. Berlin. 2000

Libitzky, Eva. Rosenbaum, Fred. Out on a Ledge.
Wicker Park Press. River Forest, Il. 2010

Pollak-Kinsky, Helga. Mein Theresienstädter Tagebuch 1943-1944
Edition Room 28. Berlin. 2014

Salus, Grete. Niemand, nichts – ein Jude. Theresienstadt, Auschwitz, Oederan
Verlag Darmstädter Blätter. Darmstadt. 1986

Salus, Grete. Ein Engel war nicht dort. Ein Leben wider den Schatten von Auschwitz.
Forum Verlag. Leipzig. 2005

Bundesarchiv Koblenz. Gedenkbuch. Opfer der Verfolgung der Juden
unter der nationalsozialistischen Gewaltherrschaft in Deutschland 1933-1945.
Koblenz. 2006

Gedenkbuch Berlins der jüdischen Opfer des Nationalsozialismus.
Freie Universität Berlin, Zentralinstitut für sozialwissenschaftliche Forschung,
Edition Hentrich. Berlin. 1995

Archivalien

Bundesarchiv:

Barch, B 162 / 25631
Barch, NS 4/ FL 393

Sächsisches Staatsarchiv Chemnitz:

StAC 31050 AU 587
StAC 31050 AU 2036
StAC 31050 AU 2466
StAC 31050 AU 2725
StAC 31050 AU 3370
StAC 31050 AU 3896

Stadtarchiv Oederan:

Erwin Kabis GmbH [ohne Signatur]

Fotos & Grafiken

Wießler, Michael: Titelfoto, F1
Scherpf, Erhard: P1, P2, F3
Düsing, Michael: F4
Cziborra, Pascal: F2

DEGOB:

Protokoll 958
Protokoll 1302

CEGES:

Mikrofilm 14368

YAD VASHEM:

Pages of Testimony
Lodz Inhabitants
[online Einsicht]

USHMM:

[online Quellen]